社長、
その税金
0《ゼロ》
にできる

ランドマーク税理士法人
代表税理士
清田幸弘

あさ出版

事業承継は最重要な経営課題のひとつだ。
経営者として、
本書の方法を「知らなかった」では済まされない。
会社の永続は、社員、家族、取引先、皆を幸せにする。
社長の無知は犯罪である。

株式会社武蔵野代表取締役社長
小山昇

はじめに

■多くの経営者が「事業承継は、3年以上先のこと」と考えている

経営者の多くは、先行き不安の中、事業の安定化を優先して、事業承継への対応を後回しにしがちです。


「自分が元気なうちは、まだまだ大丈夫」

「『事業承継＝引退』だと思うと、実感がわかない」

「将来の業績低迷を考えると、事業承継に消極的になる」

「後継者の確保ができない」

「日々の営業に忙殺《ぼうさつ》され、事業承継に取り組む時間がない」

といった理由で、事業承継は「まだ先」だと考えています。

では、ここでみなさんに質問です。次の10名の経営者の中で、「今すぐにでも、事業承継の準備をしたほうがいい経営者」は、何人いると思いますか？

【1】会社の規模をもっと大きく成長させたい経営者
【2】「赤字」が続いている経営者
【3】50代の経営者
【4】顧問税理士から「事業承継」の話を聞かされていない経営者
【5】子どもがまだ中学生の経営者
【6】健康に不安がある経営者
【7】会社を複数持っている経営者
【8】自分の会社の株を「誰が、どれくらい持っているのか」知らない経営者
【9】自分が所有している自社株式以外の財産の評価額（固定資産税、不動産取得税、相続税などを計算するときの元になる金額）を知らない経営者
【10】子どもから「会社を継ぐ気がない」と言われた経営者

答えは、**「10人」**、つまり**「全員」**です。

【1】～【10】の項目に、ひとつでも当てはまった経営者は、一度、事業承継について、専門家に話を聞いたほうがいいと思います。

会社を成長させると、自身の会社の1株あたりの株価（評価額）が上がります。株価が上がれば、株式を承継する後継者に資金負担（譲渡の資金、相続税、贈与税）を強いることになります。

したがって、会社をこれまで以上に大きくしたいのなら、**株価が上がる前に株価対策を講じる**必要があります。

一方、**会社の業績が悪くて赤字のときも、事業承継のチャンス**です。会社が赤字続きの場合は、自社株式の株価が低いため、後継者の資金負担を軽くできます。

中小企業庁の『中小企業白書』に記載された、「経営者の年齢別事業承継の予定時期」を見ると、50歳代以降の経営者の多くが、「事業承継は今後10年以内の経営課題」と捉えている一方で、「事業承継は3年より先」と考えている経営者は、

・60歳代……約80％
・70歳代……約60％
・80歳代……約50％

いるという結果が出ています。

また、「経営者の年齢別事業承継の準備状況」を見ると、事業承継の準備を「あまりしていない」「まったくしていない」「準備の必要を感じない」と回答した経営者が、

・60歳代……約60％
・70歳代……約50％
・80歳代……約40％

も存在していることがわかりました（参照：中小企業庁『中小企業白書』２０１４年度版）。

シニア経営者のほとんどは、事業承継を経営課題として認めながらも、その準備を十分に行っていないのが実情です。

事業承継は、「思い立ったら、すぐにできる」ものではありません。事業承継は、「社長の交代」だけでなく、後継者の育成や社内体制の整備などの準備段階も含まれます。『中小企業白書』（２０１４年度版）の調査結果によると、

- **中規模企業（従業員20人以上）の経営者の47・４％**
- **小規模事業者（従業員19人以下の企業）の39・９％**

が、後継者の育成期間について、**「5年以上10年未満」**と回答しています。「3年以上5年未満」と答えた経営者を含めると、中規模企業では90％以上、小規模事業者で

は**80％以上が「後継者の育成には3年以上かかる」**と考えています。

■そのままでは税金ゼロにはならない

本書で詳しく説明する「特例事業承継税制」の「相続税・贈与税の納税猶予」という制度は、自社株式を後継者に相続・贈与するとき、**後継者が支払う相続・贈与税を「ゼロ」にすることが可能です。**

ですが、この制度を使うには、「2023年3月31日までに、『特例承継計画』という書面を提出すること」「後継者が3年以上役員を継続していること」といった条件があります。

つまり、早めに後継者を決めておく必要があるのです。

仮に、事業承継に「10年かかる」とすると、「50代」から事業承継を考えても、早すぎることはありません。

「有限会社宮川商店」は、鶏料理専門店「やきとり宮川」（東京都内に4店舗）と「鶏の宮川」を運営しています。

代表取締役の星浩司社長は、現在「40代後半」ですが、すでに事業承継（株価対策）に取り組んでいます。「増収増益後の株価対策」「M&A（地方の飲食店の買収）による店舗数の拡大」などを視野に入れているからです。

長女はまだ学生ですが、星社長は「将来的には長女に会社を承継してもらいたい」と考えているため、長女にも、「継いでほしい」という意向を伝えています。

「ランドマーク税理士法人」（私が代表税理士を務める税理士法人）では、星社長に、持株会社（他の会社の株式を保有する会社）の設立を提案させていただきました。

長女が事業承継をする場合でも、しない場合でも、宮川商店の自社株式を持株会社に移転し、持株会社の株式を長女に保有させておけば、事業承継対策としても、相続・贈与対策としてもメリットが期待できます（持株会社については、本書の中で詳述します）。

宮川商店の事業承継対策

①持ち株会社を設立し、星社長と長女が出資する

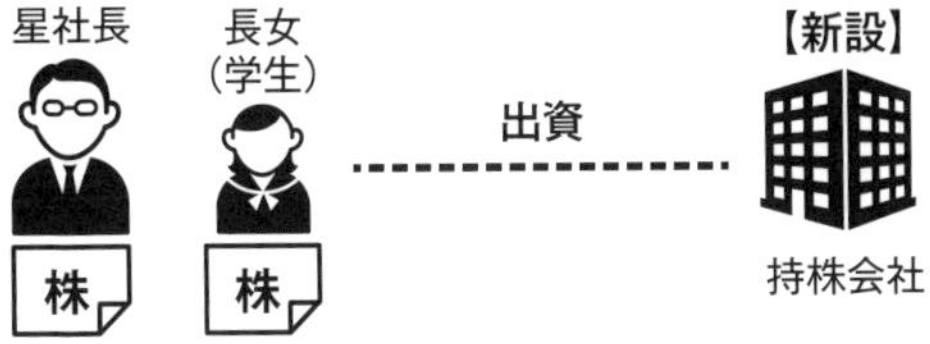

②宮川商店の株を持株会社に移転

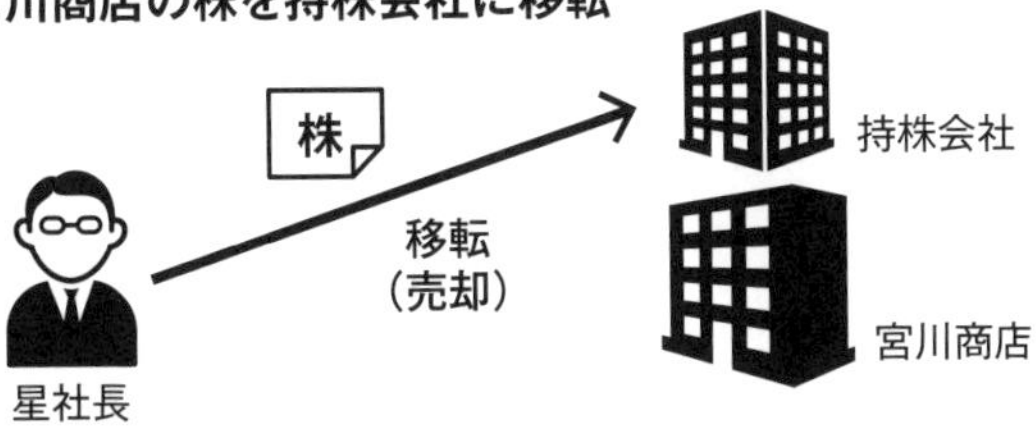

③星社長と長女が株を持つ持株会社が宮川商店を子会社化

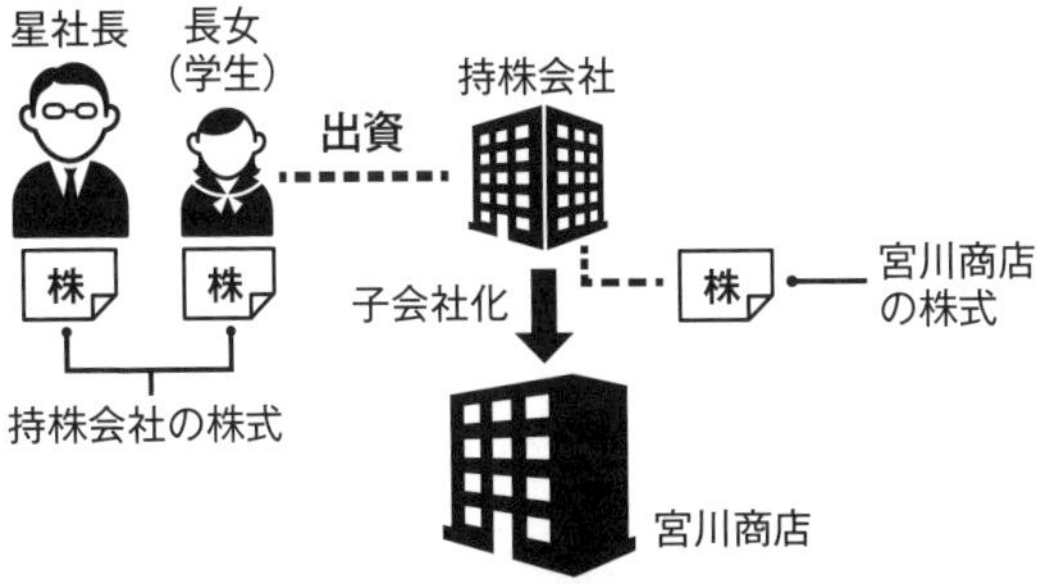

将来の事業承継が容易になる
&相続・贈与対策にも

経営者の年齢が40代でも、子どもがまだ学生でも、子どもが事業を継いでくれるかわからなくても、事業承継（株価対策）の準備は早いほど、打つ手が増えるのです。

■子どもが2歳でも、事業承継対策!?

以前、**「株式会社武蔵野」**（ダスキン事業、経営コンサルティング事業）の小山昇社長と対談をさせていただいたことがあります。小山社長は、倒産寸前だった武蔵野を「17年連続増収」に成長させた中小企業のカリスマ経営者です。

小山社長は、「2歳のお子さん」を持つ経営者にも、事業承継のアドバイスをしたことがあるそうです。

「子どもが生まれたら、**1歳からでも預金通帳をつくること**をすすめています。将来に備えた教育資金として、子どものお小遣いやお年玉を預金通帳に貯めておけば、結果的に相続税や贈与税の対象とみなされないからです。

これは実際に私が行った方法ですが、子どもの名義でつくった預金通帳を出資金にして、相続を意識した持株会社を設立しました。私自身が所有していた武蔵野の株式をこの持株会社に50％移すことで、**株式を娘に直接相続する必要がなくなった**のです」
（参照：『Wedge』２０１６年12月号）

事業承継だけでなく、個人の財産の贈与も、早めに（子どもが小さいときから）対策を講じれば、「贈与税」をゼロにすることが可能です。

贈与税には、「年間１１０万円」の基礎控除があり、この範囲で贈与する分には税金がかかりません。

たとえば、子どもに、「毎年１００万円ずつ」贈与します。「１００万円」であれば、基礎控除額の「１１０万円」以下なので、贈与税はかかりません。つまり、税金を払うことなく「毎年１００万円」を贈与できるわけです。

これを10年間続けていけば、「10年で１０００万円」、20年間続けていけば、**「２０００万円」の財産を「税金ゼロ」で贈与することが可能です。**

ただし、毎年、同じ相手に、同じ金額を定期的に贈与していると、「連年贈与」とみなされて税率が一気に上がるため、「毎年同じ日に振り込むのではなく、時期をずらす」「金額を少しずつ変える」などの工夫が必要です。

■事業承継には、「民法」「会社法」「税法」の知識が必要

事業承継には、「民法（相続）」「会社法（株式承継）」「税法（株式売却益課税・相続税・贈与税）」という、3つの法律が関わっています。

経営者が亡くなれば、法定相続人（配偶者や子ども）は、一定の割合で財産を相続できることが「民法」により保障されています。

亡くなった先代経営者が保有していた株式を、妻と子どもたちで分けるのは、民法上は正しい。

ですが「会社法」で事業承継を考えた場合、**「後継者が（長男が会社を継ぐのなら長男が）、すべての自社株式を相続する」のが正しい。**

なぜなら、後継者がどれだけ自社株式を保有しているかによって、経営者に与えられる議決権が変わるからです。

中小企業は、経営者に株式を集約させるのが正解です。経営権を完全に掌握するには、**「自社株式を3分の2以上」保有していること**が最低条件になります。

自社株式が分散していたり、「自分の会社の株式を、誰が、どれくらい持っているかわからない」ようだと、後継者に会社を承継させても、安定的な経営ができません。

したがって、「後継者に株式を集約するための方法」を考える必要があります。

また、事業承継には、資金面での対策も不可欠です。

自社株式を後継者に売却する場合、売った側には売却益に税金がかかりますし、後継者は買い取り資金を調達しなければなりません。相続・贈与すれば、後継者に相続税や贈与税がかかります。「税法」から事業承継を考えた場合、早い段階から将来を見据えた対策を練ったほうが、節税の可能性も高くなります。

事業承継には、**「誰を後継者にするか」「自社株式や個人の財産を、どれくらいの割合で誰に贈与（相続）させるのか」「分散している株式をどのように後継者に集約させるのか」「後継者にかかる買い取り資金や納税資金をどのように工面するのか」**など、考慮すべき課題がたくさんありますから、計画的に準備をはじめるべきです。

■分散した自社株式が経営を揺るがす火種になる

「民法」「会社法」「税法」を踏まえて事業承継計画を立てないと、あとで、トラブルを招きかねません。

A社は、長男（後継者）が社長で自社株式を45％、次男が専務で35％、創業時からの古参幹部数人が合わせて20％の株式を持っていました。

やがて、古参幹部と社長が経営方針をめぐって対立します。古参幹部は、次男に**「自分たちと組めば社長になれる」**とそそのかして手を組みました。

次男と古参幹部の株式を合わせると55％になり、勢力は逆転。**長男は、古参幹部に操られた弟に社長の椅子を譲ることになりました。**

先代経営者が、「長男に自社株式を集約させる」という計画を立て、次男と古参幹部の処遇も明確にしていれば、兄弟同士で争うことはなかったはずです。

B社（産業廃棄物収集処理）のC社長は、父親（先代経営者）から事業を引き継いだのですが、**事業承継をめぐって、妹と骨肉の争いを演じることになりました。**

C社長は3人兄妹で、妹が2人います。事業承継前、B社の株主構成は、父親（先代経営者）が70％、長男（C社長）10％、長女10％、次女10％の割合でしたが、子どもたちが保有する株式は名義株（株主とその株式の実質的な所有者とが一致していない株式）になっていました。

長女は会社とは無縁の生活を送っていたので、長女名義になっていた株式は父親の名義に戻すことができたのですが、次女はB社の役員だったので、長男が社長になったあとも、名義上「10％」の株式を保有することになったのです。

長男は、「次女の持分を除いた、90%を自分の名義にする」ために、父親から自社株式を購入しました（現在、父親は他界）。

「90%も自社株式を保有していれば、議決権も行使できるし、経営は盤石である」と思われるかもしれませんが、B社の事情は複雑でした。

産業廃棄物を収集運搬するには、各都道府県の許可が必要であり、そのためには、「自社株式を5%以上保有する株主」の住民票と登記事項証明書を提出するのが決まりです。次女は「10%」の株式を保有していますから、長男だけでは許可を更新できない。次女にも書類を提出してもらう必要があります。

ところが長男には、次女に頼れない理由がありました。**次女に不正行為の嫌疑（使い込みや取引業社からのキックバックなど）がかけられていた**からです（最終的に、長男と次女は裁判で争うことになりました）。

長男は、次女の力を削ぐため、**「増資」**に踏み切ります。増資をして発行株式数を増やして、次女が持つ株式の保有割合を「4%」まで下げたのです。

先代経営者である父親が、事業承継を計画的に進めていたら、こうした争族（親族による争いのこと）は起きなかったはずです。

こうしたトラブルを未然に防ぎ、事業承継をスムーズに進めるためには、いつから、どのような対策を取ればいいのでしょうか。

本書では、「税法」を中心に、この**「中小企業の経営者に適した事業承継」**の方法をご紹介いたします。

「ランドマーク税理士法人」が関わった事業承継案件などの事例を通して、

「どうすれば、相続税、贈与税を安くできるか」
「どうすれば、自分が育てた事業を継続させることができるか」
「どうすれば、親族間の争いをなくすことができるか」

などについて、できるだけわかりやすく解説していきます。

本書が、みなさまの助力となれば幸いです。

ランドマーク税理士法人　代表税理士　清田幸弘

※本書では、原則的に、事業を後継者に引き継ぐ経営者を「先代経営者」、事業を先代から引き継いだ経営者（あるいは引き継ぐ予定の経営者）を「後継者」と表記しています。また、譲渡所得税には復興税は含まれていません。あらかじめご承知おきください。

―目次―

第2章 相続税・贈与税を「ゼロ」にする方法

第3章 成功する事業承継の5ステップ

第4章 【実名事例】わが社はこうやって事業承継を行った

第5章 【相談事例】事業承継の課題こうやって解決します

おわりに

第1章

経営者が抱える事業承継の深い悩み

事業承継とは、後継者に株式を集約させること

■株式は、経営権であると同時に、財産権である

事業承継とは、先代経営者が後継者に事業（会社）を引き継ぐことです。後継者が引き継ぐものは、おもに**「経営権」**と**「財産権」**の「2つ」です。

①経営権

……経営権とは、**会社の方針や数字を管理・決定できる権利**のことです。

②財産権

……財産権とは、株式、事業用資金、事業用設備、不動産など、**事業運営に不可欠な資産（財産）を受け継ぐ権利**のことです。中小企業の経営者は、個人の資産（不動産等）を事業に利用していることが多いため、事業用資産も後継者に承継させなければ、事業の継続が困難になる場合が考えられます。

「①経営権」と「②財産権」、この2つの要素を兼ね備えているのが、**会社の株式**です。株式は、配当や残余財産（会社を解散・清算し、債権者に弁済したあとに残った財産のこと）を受ける権利である「財産権」であると同時に、議決権を行使して経営に参画する「経営権」としての性格を有しています。

したがって、事業承継では、「会社の株式をいかに後継者へ引き継ぐか」が重要です。

◉経営権（議決権）としての株式

後継者が社長の座を承継しても**株式を所有していなければ、実質的な経営者とは言えません。**なぜなら、「株式を保有しない」＝「株主総会での議決権がない」からです。

後継者の経営権を盤石にするためには、株主総会における議決権を相当数保有していなければなりません。

株式の保有率が高いほど、株主総会で自分の思い通りの議決ができます。後継者には、できれば**「3分の2以上」、最低でも「過半数（50%超）」の自社株式（議決権）を保有させる**必要があります（株主は原則として、「株式1株につき1個の議決権」を持つ）。会社の支配権を握っているのは、社長ではなく、株主です。会社の支配権は、自社株式の保有率で決まります。

株主総会で決められる決議には**「通常決議（普通決議）」**と**「特別決議」**があります。「通常決議」は、議決権総数の過半数の株主が出席して、出席株主の過半数が賛成することによって成立します（議決権はひとり1票ではなく、株式数によって決まる）。

ところが、会社の重要事項（定款の変更、会社の解散・合併など、会社経営の根本に関わる議案）を決める特別決議は、出席株主の過半数の賛成でも成立しません。出席株主の3分の2以上の賛成が必要です。

株式で押さえたい2つのポイント

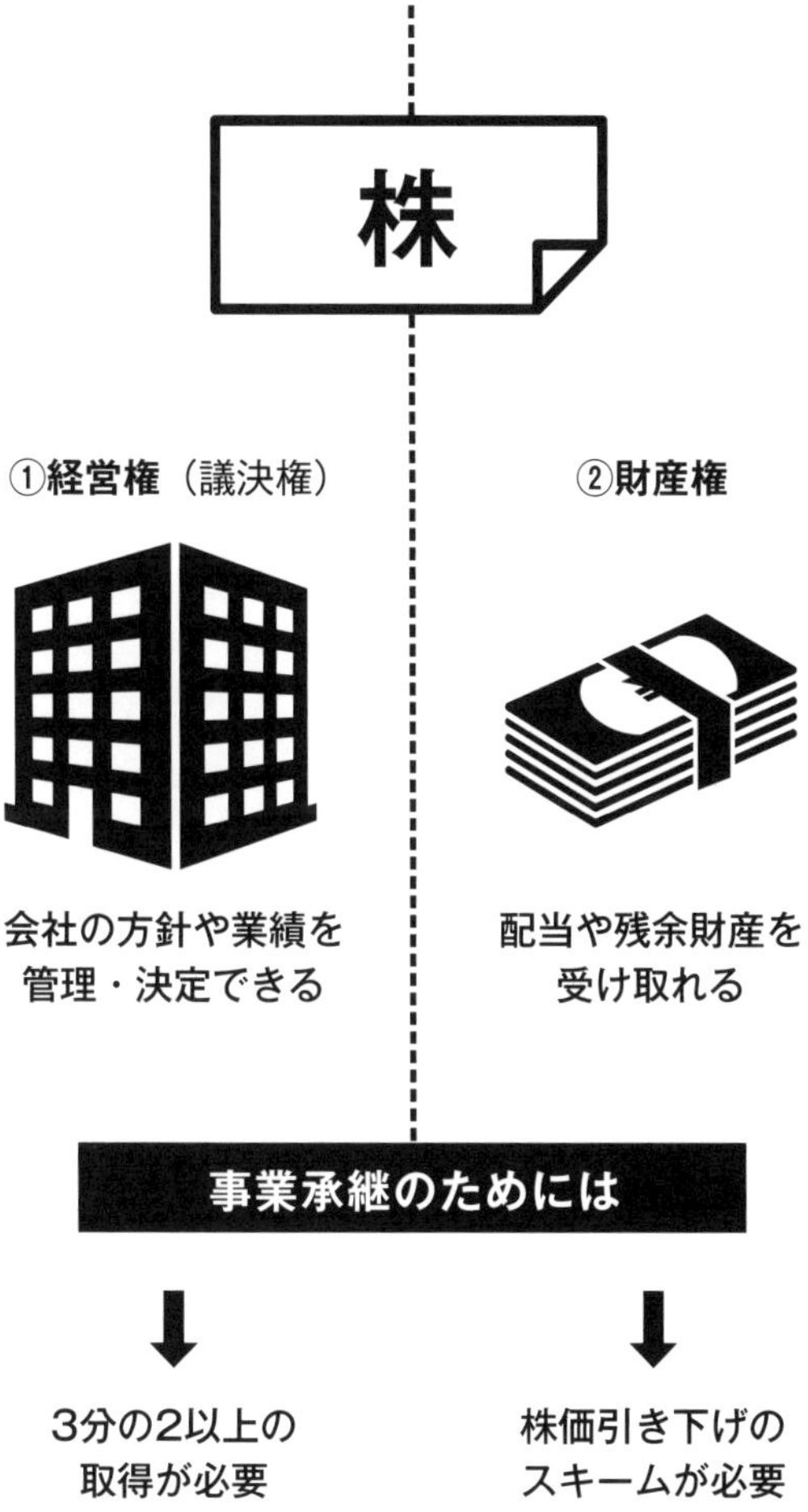
株
①経営権（議決権）
②財産権
会社の方針や業績を
管理・決定できる
配当や残余財産を
受け取れる
事業承継のためには
3分の2以上の
取得が必要
株価引き下げの
スキームが必要

そのため自社株式が分散すると、経営が不安定になります。株式を3分の2以上持っていない場合、他の株主が結託すれば、社長の方針が否決されたり、社長職を解任されてしまう可能性もあります。したがって、非上場の中小企業では「所有と経営を分離させない」ことが正解です。**経営者が自社株式を「100％保有」しているのが、もっとも安全な状態**と言えるでしょう。

◉財産権（配当収受権、残余財産分配権）としての株式

株式を保有していれば、配当や残余財産を受け取ることができます。

自社株式を相続・贈与する際には、「財産権」としての価値（株価）を一定の算式で算出し、その価値に応じて税金（相続税・贈与税）を負担します。優良企業であるほど株価は高く評価されるため、税負担を軽減するスキームを検討する必要があります。

株価が高額になっているときに後継者に株式を移転すると、多額の税金が課せられてしまい、経営が円滑に進みません。株式の承継は、税金にも考慮しながら、時間をかけて計画的に行う必要があります。

「相続」「贈与」「譲渡」は、どう違うのか?

■株式を承継する「3つ」の方法

事業承継における株式の承継方法は、次の「3つ」が考えられます。

①「相続」
②「贈与(生前贈与)」
③「譲渡(売買)」

①「相続」

……相続とは、**「亡くなった人」の財産(自社株式)を引き継ぐこと**です。相続は、先代経営者が死亡したあとに実施されます。先代経営者が「株を譲ります」という意思表示をしていなくても、または後継者が「譲り受けます」と意思表示をしていなくても成立します。

相続による事業承継では、株式の移転に対する対価は不要ですが、その代わり**「相続税」**を納税しなければなりません。相続では、相続が発生した時点で相続財産の評価額が算定され、相続税が課税されます。相続時の株価が高いほど、相続税も高くなります。

・**相続税**…亡くなった人から財産を引き継いだとき、**財産を取得した人が支払う税金**です。税額は、「受け継ぐ財産（自社株式）がいくらなのか（評価額）」によって決まります。最高税率は**「55％」**です。

② **「贈与（生前贈与）」**

……贈与とは、**先代経営者が後継者に、株式を「無償」で譲ること**です。贈与は、先代経営者の存命中に行われるため、先代経営者が自分の意志で実行できるメリットがあります。

相続と同様に、株式の移転に対する対価は不要ですが、受け取った側に**「贈与税」**がかかります。移転させる財産評価額あたりの税負担は、相続よりも贈与のほうが重くなるのが一般的です。

贈与の場合、株式の評価額が低いときのほうが贈与税も低くなるため、株式の評価額を引き下げるなどの対策を取ることがあります。

・**贈与税**…贈与する人の生存中に、**財産を取得した人が支払う税金**です。税額は、「受け継ぐ財産（株式）がいくらなのか（評価額）」によって決まります。最高税率は**「55%」**です。

③**「譲渡（売買）」**

……**先代経営者と後継者が、売買契約書を締結し株式を譲渡する方法**です。

先代経営者から後継者に会社が保有している株式を売却することで事業承継します。

譲渡であれば、遺留分減殺請求《いりゅうぶんげんさいせいきゅう》の対象にならないため、相続や生前贈与に比べると、後継者の権利が安定しやすい承継方法と言えます。ただし、後継者は自社株式を購入できる十分な資金を用意しなければならないため、資金調達をどのように行うかが課題です。株式の譲渡を行うと、先代経営者に譲渡益が入るため、**「譲渡所得税等」**がかかります。

・**譲渡所得税等**…譲渡所得税は、非上場株式の相続税評価額をベースに算出。譲渡所得税の税率は、譲渡益の大きさに関係なく、**「一律20％（所得税15％＋住民税5％）」**です。

・**遺留分減殺請求**…法定相続人（民法で定められた相続人。配偶者、子など）には、**「遺留分」**が認められています。遺留分とは、一定の相続人のために、法律上必ず残しておかなければならない遺産の一部分のことです。

仮に兄弟が2人いて、遺言書に「すべての遺産は長男に譲る」と書いたとしても、次男が遺留分の権利を主張すれば、一定の範囲内で取り戻すことができます。この権利のことを**「遺留分減殺請求権」**と言います。法定相続人が「配偶者と子」のケースでは、

- **配偶者／財産の4分の1**
- **子／残りの4分の1を子の数で均等に分割（長男・次男の場合は8分の1ずつ）**

の割合で請求できます。

■事業承継の方法によって、「誰がいくら税金を払うか」が変わる

株式の事業承継にかかる税金は、承継の方法によって異なります。

- **相続……後継者に「相続税」が課税される。**

・贈与……後継者に「贈与税」が課税される。
・譲渡……先代経営者（株式を売った側）に「譲渡所得税等」が課税される。

仮に、相続人（後継者）が子ひとりで、自社株式の評価額が「5億円」だった場合、承継方法によって、税額は次のように変わります。

・相続税……1億9000万円
・贈与税……2億6800万円
・譲渡所得税等……9500万円

どの方法で自社株式を承継するかは、後継者の経営的な資質に加え、「後継者が自社株式を買い取る資金を調達できるか」「後継者が相続税や贈与税を納税する資金を調達できるか」といった、「税金面（資金面）」からも検討する必要があります。

自社株の相続、贈与、譲渡のメリット、デメリット

	相続	贈与	譲渡
	亡くなった先代の財産を受け継ぐ	先代が後継者に無償で譲る	先代が後継者に売却する
先代の意志	反映されにくい	反映されやすい	反映されやすい
遺留分	含まれる	含まれる	含まれない
控除、猶予、免除	あり	あり	なし
最高税率	55%（後継者）	55%（後継者）	20%（先代）
後継者に必要な資金	納税資金	納税資金	買取資金

事業承継がうまくいかない「5つ」の理由

■分散している自社株式をどうやって集めるか

事業承継には、相続税や贈与税における株価評価、納税資金の調達などの複雑な問題が数多く発生します。「ランドマーク税理士法人」の「事業承継支援室」（国税局の個人課税課、法人課税課、資産課税課出身の税理士を起用した専門チーム）にも、さまざまな相談が寄せられています。

事業承継の悩みの中でとくに多いのが、次の「5つ」です。

・悩み① 自社株式が分散している

- **悩み②　先代経営者が株式を手放したがらない（47ページ）**
- **悩み③　親族内に後継者がいない（54ページ）**
- **悩み④　親族間に感情的なもつれがある（60ページ）**
- **悩み⑤　いつから事業承継をはじめていいかわからない（65ページ）**

◉悩み①　自社株式が分散している

事業承継とは、会社法に則って、自社株式を後継者に承継させることです。後継者が自社株式を3分の2以上持っていないと、後継者は、他の株主によって解任されてしまう危険性があります。

たとえば、先代経営者が100％保有している自社株式を「妻ひとり、子3人」で相続したとします（後継者は長男）。すると、

- 妻（母親）……50％
- 長男（後継者）…約17％

・次男……約17％
・三男……約17％

の割合で分けることになるため、万が一、母親と次男（または三男）が手を結べば、長男を会社から追い出すこともできるわけです。

経営基盤を安定させるには、後継者に「100％株式を承継させる」のが理想です。ですが、後継者（この場合は、長男）に、自社株式100％を相続させると、他の兄弟から不満の声が上がることがあります。

「自社株式は長男ひとりに集中し、なおかつ、相続を平等に行う」には、

「株は会社を継ぐ長男にすべて与え、兄弟には、会社の支配権に関係のない他の財産を分け与える」

などの配慮が必要です。

■自社株式を後継者に集約させる「3つ」の方法

自社株式が分散していると、後継者が会社の支配権を持つことができないため、実力を発揮するのが難しくなります。会社経営への支配権を発揮するためには、分散した自社株式を集約して、後継者に計画的に引き継がせる必要があります。

分散している自社株式は、買い戻すなどして、後継者に集約すべきです。自社株式を集約する方法には、相続・贈与以外ではおもに「3つ」あります。

①後継者が他の株主から買い取る

自社株式を買い戻すための資金は、銀行から融資を受けることが可能です。

会社が大きく成長しているときは、株価も高くなっています。すると、相手が売り渋ったり、売るにしても高い値段を要求してくることがあります。

したがって、**株主に買い取りを申し出るときは、「会社が赤字のとき」「会社の財務体質が良くないとき」のほうが好都合**です。会社が赤字であれば自社株式の評価額が下がるため、買い取り資金が安く済みます。

売る側も、「万が一、倒産でもしたら、株式は紙くずになる。その前に売ったほうがいい」という心理が働き、交渉がまとまりやすくなります。業績が堅調なときは、評価額を下げるなどの手段が必要です（評価額の算出方法、評価額を下げる方法は、後述します）。

②「会社」が他の株主から買い取る

株価が高値になったり、個人では買い取り資金を準備できないときは、会社に自社株式を買い取らせることもできます。会社が買い取る株式のことを**「金庫株」**と呼びます。

・**金庫株**……会社が自社の株式を買い戻して手元に置いておく（金庫に保管するイメージ）ことができる。株主が株式売却の意思表示をしたときに先代社長や後継者が買い取りの資金を負担することなく、会社の資金を使って買い取ることができます。

自社株式を後継者に集約させる方法

①後継者が他の株主から買い取る

会社が赤字のときに買う

②会社が他の株主から買い取る（自社株買い）

金庫株にして後継者の株式保有率を実質的に上げる

③会社が新株を発行し後継者に割り当てる

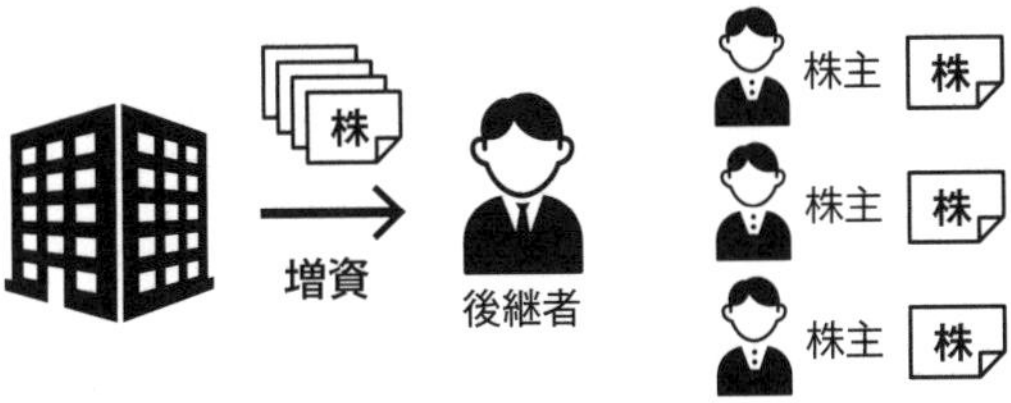

後継者の株式保有率を高める

金庫株は社長のものではありませんが、議決権と利益配当がないため、株主総会では役に立ちません。実質的には存在しないのと同じなので、社長の株式シェア率が上がります。ただし、特定の株主から買い取る場合は、株主総会での特別決議が必要です。また、金庫株は後継者の「相続税対策」にも利用できます（第3章で説明します）。

③会社が新株を発行して後継者に割り当てる

会社が新株を発行し後継者にのみ割り当てると、後継者の株式保有率が高くなります。買い取り資金は必要ないためお金はかかりませんが、株主総会での特別決議が必要です。

「株式会社油研」は、産業廃棄物処理業を軸に廃棄物のリサイクル事業を手掛ける会社です。油研は資本金の増資を行い、社長の株式保有率を高めています。

「父親が資本金1000万円で興した会社をそのまま相続するのではなく、私が1100万円を出資し、資本金を2100万円に引き上げました。増資に踏み切ったことで私の本気が伝わり、社員も安心して仕事に取り組むようになった。当社の業績が上向いたのは、増資によって社員のやる気が上がったからです」（井原聡志社長）

引退後の身の振り方を考えることも、事業承継計画の一部

■「引退をするのが寂しい」と思う先代経営者が多い

◉悩み② 先代経営者が株式を手放したがらない

多くの創業経営者は、自己資金や親族から借りたお金を資本金として会社を設立し、事業に必要な資産をひとつずつ調達しながら、たくさんの汗をかいて、会社を成長させてきました。

その分、会社への愛着や執着が強く、「会社＝自分の人生」「会社＝自分の子ども」だという意識を持つ人もいます。会社への思いが強い先代経営者は、「事業承継をしなければいけない」ことは承知していながらも、なかなか踏ん切りがつきません。

【先代経営者が株式を譲りたがらないおもな理由】

・会社から外れることが寂しい。
・自分が苦労して大きくしてきた会社なので、手放すのが惜しい。
・後継者が頼りないので、一定の影響力を残しておきたい。
・引退後に「何もすることがない状態」になるのが怖い。
・配当収入をあてにしている。
・「贈与」ではなく「売却」にこだわる。　　など

「引退をするのが寂しい」と思うのは、引退後の人生プランが明確になっていないからです。

「趣味を楽しむ」「小さな会社を新しく立ち上げる」「株式を売却して代表権も返上したうえで、その会社に顧問や相談役などで残る」など、引退後の身の振り方を考えることも、事業承継計画の一部です。

■先代経営者が、「贈与」ではなく「売却」にこだわる理由

先代経営者が「贈与」ではなく、「譲渡（売却）」にこだわるあまり、事業承継が進まないことがあります。

後継者が親族（自分の子ども）であっても、譲渡（自分が持っている株式を子どもに買い取らせる）を望む先代経営者は多いものです。

第2章で詳しく説明をしますが、「特例事業承継税制」（相続税・贈与税の納税猶予）という制度を使うと、相続税・贈与税を「ゼロ円」にすることができます。

先代経営者（父親）が後継者（子ども）に株式を生前贈与した場合、この制度の適用を受けていれば贈与税はかからないため後継者は税負担から逃れることができます。

税金面から事業承継を考えれば、「子どもへの税負担を軽くできる」ため、この制度のメリットは大きいです。

しかし、現実的には、この制度の適用に二の足を踏む経営者もいます。二の足を踏む理由は、おもに「2つ」あります。

・後継者にもっと苦労をさせたい

先代経営者の中には、自分の子どもを後継者として客観視できず、親の視点から見てしまう人がいます。

「息子を経営者として一人前にするには、もっと苦労をさせなければならない。銀行から借り入れをして自分から株式を買い取れば、返済のプレッシャーなどを感じながら経営をすることになるので、息子も成長できる」

「自分も苦労をしてきたのだから、息子にも自分と同じ苦労をさせたほうがいい」

と考え、無税で自社株式を譲ることに抵抗を覚えるのです。

・売却益がほしい

「特例事業承継税制」を使って生前贈与をすれば、贈与税をゼロにできるので、後継者の税負担を軽減できます。

ですが、先代経営者にしてみれば、「子どもの負担は軽くしたい」と思う一方で、「自分がここまで会社を大きくしてきたのだから、売却益がほしい（お金がほしい）」と思うものです。

後継者は「銀行から融資を受けず、そして、贈与税も支払わずに自社株式を手に入れたい」と考える。反対に先代経営者は、「自社株式を売って、売却益を得たい」と考える。この両者の思惑の違いが、事業承継を難しくしています。

先代経営者にお金を残し、なおかつ後継者の税負担を軽くするひとつの方法は、**「先代経営者に退職金をめいっぱい支払う」**ことです。

役員退職金は損金として算入できます。退職金の金額が極端に多額だと過大退職金とみなされて損金算入できませんが、退職前の月額報酬が高ければ、適正とみなされる限度額も上がります。

先代経営者にめいっぱい退職金を支給すると、内部留保が圧縮されるため、自社株式の評価額が下がります（127ページにて詳述）。

自社株式の評価額が下がった時点で後継者に株式を譲渡すれば、買い取り資金や贈与税を低く抑えることが可能です。

ただしこの方法で会社が多額の退職金を支払うと、「会社の現金が足りなくなる」ため、キャッシュフローが悪化するリスクがあります。

キャッシュフローの悪化を防ぐには、先代経営者が、受け取った退職金をすぐに会社に貸し付けることです（事前に金融機関からお金を借りておく方法もあります）。

会社に現金が戻りますが、貸借対照表上では、純資産の部から負債の部に移るので、キャッシュフローをほとんど変えないまま、財務の評価を下げることができます。

先代経営者から退職金分を会社が借りているわけですから、会社は先代経営者に返済をすることになります。このとき、毎月の返済額を「役員報酬」と同じ額にすれば、「会社から出ていくお金は以前と同じ」で済みますし、先代社長も今まで通りの生活を続けることが可能です。

評価を下げるために役員退職金を最大限支給すると――

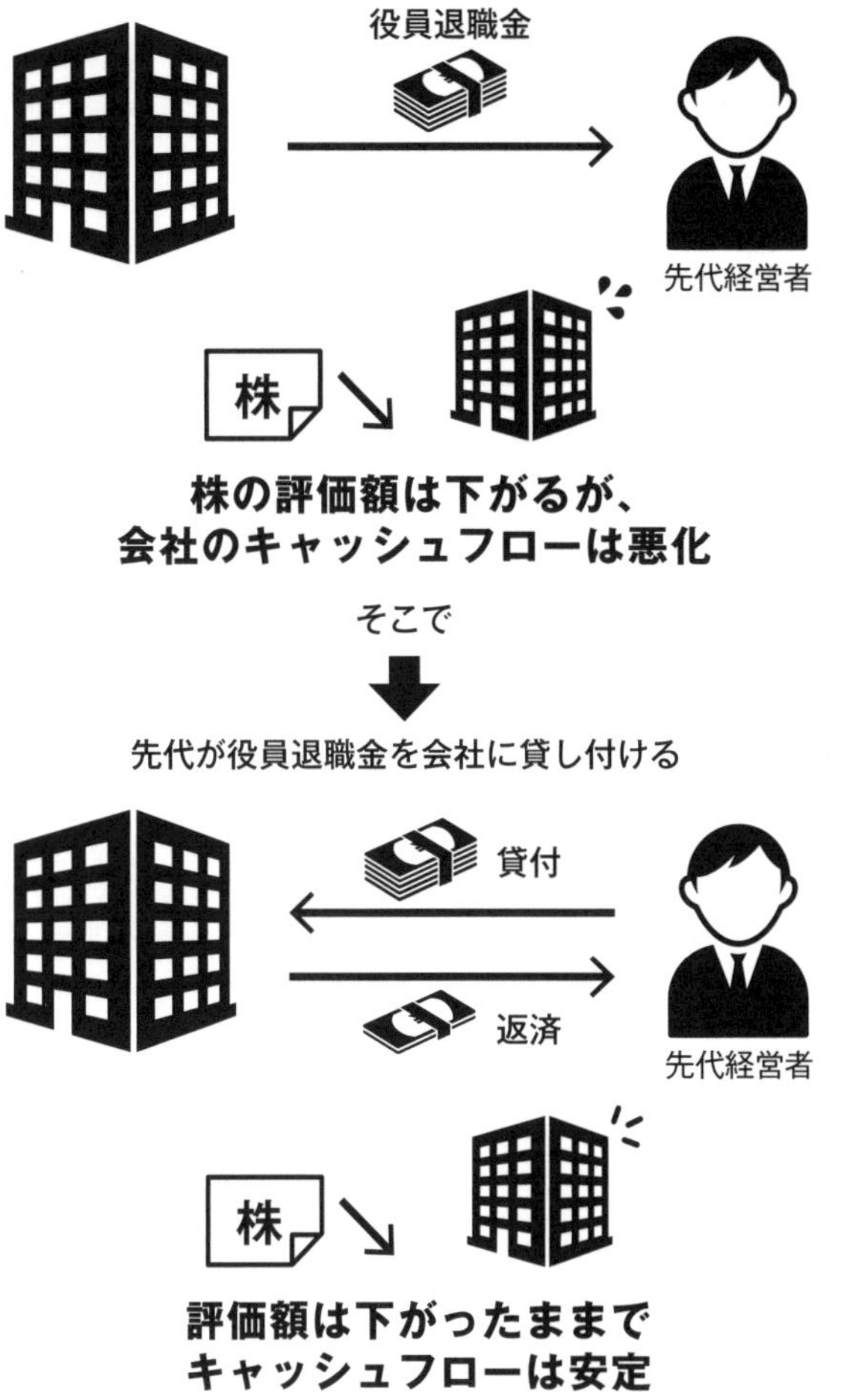
役員退職金
先代経営者
株
株の評価額は下がるが、
会社のキャッシュフローは悪化
そこで
先代が役員退職金を会社に貸し付ける
貸付
返済
先代経営者
株
評価額は下がったままで
キャッシュフローは安定

親族内に後継者がいなければ、「外」に目を向ける

■事業承継先は、「3つ」ある

◉悩み③　親族内に後継者がいない

先代経営者が退いたあとも、事業を存続させたいのであれば、後継者を見つけなければなりません。誰を後継者にして事業を引き継ぐかは事業承継の重要なテーマです。

親族内に後継者候補がいない場合、会社内部の従業員（親族外）、あるいは外部に後継者候補がいないかを検討します。親族外にも後継者候補がいない場合は、M＆Aによる会社の売却を検討します。

事業の承継先には、おもに「3つ」あります。

【事業承継の3パターン】（メリット・デメリットは第3章ステップ②で詳述）

①親族内承継
②親族外承継
③M&A（merger and acquisition／合併と買収の略）

①親族内承継

現社長の子ども（あるいは配偶者や娘婿）、血縁・親族関係のある者を後継者にすることです。

②親族外承継

親族以外が後継者になることです。子どもや配偶者が事業を継ぎたがらないこともあり、親族外承継が増えてきています。

親族外承継には、

・**内部昇格**…社内の役員や従業員が経営者に昇格すること

・**外部招聘**…外部から経営者を招くことがあります。

③**M＆A**

企業の合併買収のことです。最近では、未上場企業のM＆Aの件数が増加傾向にあります。自社に不足している経営資源（ヒト、モノ、カネ、技術、情報など）を補い、事業の拡大や再構築を行うことができます。

■親族内で後継者を探したほうが、経営は安定しやすい

ランドマーク税理士法人は、「株式会社武蔵野」（以下、武蔵野）の経営サポートパートナー会員です。

武蔵野は、ダスキン事業を基盤とし、中小企業の経営サポート事業を行っています。武蔵野を率いるのは、小山昇社長です。

小山社長は、「落ちこぼれ集団」と言われた武蔵野を改革し、17年連続増収増益の超優良企業に育て上げた経営者です。

７００社以上の経営指導をしてきた小山社長は、**「親族内で事業承継した会社のほうが、経営が安定しやすい」**と語っています。理由は、次の「３つ」です。

(1)幹部社員の中から後継者を選ぶと、選ばれなかった幹部が不満を抱き、最悪の場合、会社が分裂してしまう。

(2)実力ではなく血縁によって後継者を決めれば、「身内に譲るならしかたがない」と古参幹部も諦めがつきやすく、現場の社員は安心する。

(3)融資している金融機関が安心する。代替わりした子どもが資産を持っていなくても、いずれ親の財産を相続するため、万が一のときも回収できる。一方、幹部社員は金融機関が満足するほどの資産を持っていないことが多いため、銀行は融資を渋る。融資がストップすれば事業に支障が出る。

■M&Aでは、社員の都合を最優先して売却先を決める

株式の承継が難しいときは、M&Aで会社を他社に売るという選択肢もあります。M&Aなら、親族・社内に適任者がいない場合でも、候補者を広く外部に求めることが可能です。

しかし、希望の条件を満たす買い手を見つけるのが難しい。小山社長は、**「売却先は、社長の都合ではなく、社員の都合を考えて見つけるべき」**として、売却先の選び方のポイントを「3つ」挙げています。

①大企業には売らない

……小さな会社が大きな会社に買収されると、小さな会社の社員は居場所をなくします。なぜなら、中小企業と大企業では、社員に求める能力が違うから（たとえば、大企業は専門性の高いプロフェッショナルを求め、中小企業は何でもできるオールラウンダーを求める）。また、大企業の企業風土に馴染めず、小さな会社の社員が

辞めてしまう。

②同規模の会社には売却しない

……企業買収では、「買った側」が主導権を握る。ところが規模が拮抗《きっこう》していると、主導権争いが起きて、両者の融合が進まない。

③自社の1・5倍までの企業が目安

……会社を売るとき、買われる側の社員がギャップを感じない規模であることが望ましい。具体的には、売上1・5倍までの企業が目安となる。

会社の売却は、「衰退産業で自社に将来性がない場合」も選択肢のひとつになります。また、社員数名程度の会社であれば、売却ではなく、「会社の解散」も視野に入れて将来を検討すべきです。無理に会社を存続させて、社員が高齢化してから倒産に追い込まれてしまうと、社員の再就職が難しくなります。

事業承継の最大の敵は「身内」である

■「血は水よりも濃い」からこそ、トラブルを招く

◉悩み④　親族間に感情的なもつれがある

事業承継のトラブルの多くは、「身内がらみ」です。事業承継の最大の敵は「身内」と言っても過言ではありません。

「血は水よりも濃い」という諺《ことわざ》もあるように、血縁の絆はとても強い。強いからこそ、こじれると、収拾がつきにくくなります。

２人兄弟で、長男に会社を継がせることになったとします。

このとき、長男と次男が社内にいて、しかも、長男と次男の仲が悪い（あるいは、父親と次男の仲が悪い）場合、兄弟特有の感情が絡んで、株式の承継がこじれることがあります。株式のシェアでモメるからです。

次男が社外にいる場合は、「株式はすべて長男に継がせて、株式以外の資産を次男に継がせる」ことができれば、次男も納得をしやすい。

しかし民法は、次男に「遺留分」（最低限相続できる財産のこと）を認めているため、仮に次男が **「自分にも株式を受け取る権利がある」** と主張した場合、後継者がすべての自社株式を確保できない可能性が出てきます。

以前、ある経営者から、次のような相談を受けたことがありました。

「息子が2人いて、次男を後継者にしようと思っている。じつは、長男とはわけあって絶縁状態にあり、長男には1株たりとも与えようとは思っていない。自社株式はすべて次男に引き継がせる予定だが、遺留分の請求をされた場合、自社株式が長男にも渡ってしまう。それをなんとか食い止めたい」

民法では、自社株式の分散を防ぐために、「遺留分の特例」を設けています。この特例の適用を受けることができれば、長男から遺留分を請求されずに済みます。

ですが、この特例は、**「後継者が、遺留分権利者全員と合意すること」**が前提です。このケースでは、絶縁状態にある長男と後継者である次男が合意するのは難しいため、「遺留分の特例」を適用することは不可能です。

そうなると、「父親が次男に株式を譲渡する（売る）」しか方法はありません。売買によって自社株式が次男の所有になれば、父親の財産ではなくなるため、次男は長男から遺留分の請求を受けることはありません。

■血縁関係は、冷静な判断の妨げになる

「お金」を前にすると、兄弟（兄妹）の感情や思惑は複雑に絡み合います。

3人兄妹で、長男は父親の会社に入社し、長女と次女は結婚をして会社経営にはノータッチだったという事例を紹介しましょう。

先代経営者と奥さまが前後して亡くなり、子ども3人が株式を3分の1ずつ、均等に相続することになりました。

兄妹3人はとても仲が良かったので、長男は「相続でモメることはない」と油断をしていました。長女と次女は、そもそも経営には興味はありません。ですが、長女の夫が野心家でした。長女を説得したうえに、次女にも働きかけます。

次女は、「義兄（長女の夫）が社長になったら、株式を高い価格で買い取ってもらう」という条件で長女と手を組んだ。**長女と次女の自社株式を合わせると、3分の2を超えていたため、長男は会社を追い出されてしまった**のです。


また、ある会社では、先代経営者が自社株式の80％、妻が自社株式の20％を保有していました。先代経営者は、80％の半分の40％を妻に与え（妻が合計60％）、残りの40％を「長男に30％、次男に10％」の割合で贈与しました。

長男も次男もこの会社の幹部社員でしたが、父親は、「後継者は長男」と決めていたため、次男よりも多く株式を贈与しました。先代経営者が亡くなったあと、社長に就任したのは、長男です。銀行も、社員も、歓迎しました。長男は次男よりも、経営者としての実力があったからです。

しかし、ただひとり、長男の社長就任を快く思っていなかった人物がいます。次男です。「冷遇された」と思った次男は、母親に泣きつきました。母親は経営には関わっていませんでしたが、次男に肩入れをしました。母親と次男を合わせれば、株式のシェアは70%となり3分の2を超えます。長男は社長の座を追われ、次男が新社長に就任。次男には長男ほどの経営センスがなかったため、結果的にこの会社は**業績を大きく落とすことになりました。**

血のつながりは、冷静な判断の妨げになることがあります。一度関係が悪化すると、修復は不可能です。**先代経営者は、「株式は子どものひとりに集中させる」という条件をクリアしたうえで、「平等に相続を行う」課題に取り組まなければなりません。**

社長の資産が自社株式ばかりだと後継者以外の子どもに財産を残すことができないため、預貯金や生命保険、不動産として蓄財することも大切なポイントです。

事業承継を円滑に進めるためには、早めに準備をはじめる

■事業承継は、「10年計画」で考える

◉悩み⑤　いつから事業承継をはじめていいかわからない

「遠い将来の話だから、まだ関係ない」「家族や会社に対する影響力を残しておきたい」「父親の死に関する話題だから言い出しにくい」といった理由から、事業承継を先送りにする経営者がとても多い印象です。

事業承継は、「財産権」だけでなく「経営権」を引き継ぐため、財産だけを受け渡す一般的な「相続」よりも厄介で、

「自分の子どもへの事業承継は5年から10年はかかる」

とも言われています。

経営センスや能力は、一朝一夕に身に付くものではありませんし、社員や取引先、金融機関などにも周知して受け入れてもらう必要があります。他の相続人がいる場合には、その調整も必要なので、時間を要します。

事業承継を円滑に進めるためには、早めに準備をはじめるのが基本です。

次の項目にひとつでも当てはまる場合は、一度、税理士に事業承継について相談してみることをおすすめします。

【事業承継について考えたほうがいいケース】

・自社株式の評価額が「1億円以上」あるとき（会社の業績が良い）

……会社が成長段階にあると、自社株式の評価額が高くなります。

評価額が上がれば、それだけ相続税・贈与税も高くなるため、早めに株価対策を講じる必要があります。

・会社が赤字続きのとき

……会社の業績が悪く、赤字が続いているときは、株式を引き継ぐチャンスです。赤字が続いている会社の株価はほとんどつかないため、自社株式の評価額が下がって事業承継がしやすくなります。

後継者が決まっているのであれば、今すぐに代替わりはしなくてもいいので、ひとまず株式だけ後継者に渡しておくこともできます。

・先代経営者の体調がすぐれないとき

……「万が一」のことを考え、「誰を後継者にするか」「株式をどのような割合で相続させるか」を考えたほうがいいでしょう。

・社長が3分の2以上の株式を持っていないとき

……後継者として社長に就任したけれど、自社株式が分散していて保有率が3分の2に届いていない場合、経営が揺らぐ可能性もあります。自社株式を自分に集約する手を講じるべきです。

・法定相続人がたくさんいるとき

……中小企業の場合、事業に必要な資産や株式を経営者（先代経営者）が個人所有していることがよくあります。

何も対策をせずに先代経営者が死亡した場合、これらの資産や株式は法定相続人に承継されてしまいます。そうなると、経営に関係のない相続人にも事業に必要な資産や自社株式が渡ってしまうため、会社経営がスムーズに進まなくなります。

・先代社長の年齢が「50歳以上」のとき

……「事業承継は10年かかる」ため、先代経営者の健康面などを考慮すれば、50代から事業承継に取り組んだほうが賢明です。

「自社株式の評価額はいくらなのか」「誰が、どれだけ自社株式を保有しているのか」「後継者としてふさわしい人物は誰か」などを把握しておくべきです。

事業承継を円滑に進めるためには、先代経営者が「いつ後継者にバトンタッチするか」「いつ引退するか」を定め、そこから後継者の育成に必要な期間を逆算し、十分な準備期間を設けて計画的に取り組むことが大切です。

第2章

相続税・贈与税を「ゼロ」にする方法

後継者に「税金ゼロ」で自社株式を承継する方法

■事業承継税制を使えば、相続税も贈与税も「無税」にできる

相続・贈与による事業承継では、相続・贈与時点の自社株式の評価額に対して、相続税・贈与税が課されます。

したがって、自社株式の評価額が高い場合（会社の業績が良い場合）、相続税・贈与税の支払いも高額になるため、事業承継が進まないことが問題視されていました。相続・贈与によって株式を引き継いだものの、高額な相続税と贈与税を納めた結果、資金繰りに困窮するケースがあります。

そこで、税負担が事業承継を阻害する要因とならないように、２００９年に**「事業**

承継税制」が創設されました。

・**事業承継税制（相続税・贈与税の納税猶予）**…事業承継税制とは、経営者から非上場株式を相続または贈与により取得した後継者の税負担を軽減させる制度です。

この制度を使うと、株式の承継にともなう相続税・贈与税の納税を一時的に猶予してもらう（あるいは免除してもらう）ことができます。

・**猶予**…税金の支払いを先延ばしにすること（いずれは税金を支払う）

・**免除**…税金の支払いをしなくていいこと（無税になる）

この制度ができたばかりのころは、税金を猶予にする要件がかなり厳しかったため、利用者はそれほど多くありませんでした。そこで中小企業の事業承継をより一層後押しするため、「平成30年（2018年）度税制改正」において、事業承継税制の**「特例事業承継税制（特例制度）」**が新たに措置され、大幅に要件が緩和されています。

特例事業承継税制では、対象株式が100％、猶予割合も100％となったため、

税負担が「実質ゼロ」となります（現行の一般事業承継税制と特例事業承継税制の違いは、98ページで詳述します）。

特例事業承継税制は、**2018年（平成30年）1月1日から、2027年12月31日の「10年間限定」の制度**であり、現行制度と特例制度は併存します。

2017年12月31日以前に相続・贈与等により株式を取得した場合、特例事業承継税制の認定を受ける（あるいは「一般」から「特例」の認定へ切り替える）ことはできません。

◉相続税が「ゼロ」になるしくみ

①先代経営者の死亡により、後継者が自社株式を相続する。

②特例事業承継税制を使うと、相続税が「納税猶予」される（この時点では、まだ免除にはならない）。

③後継者が死亡すると納税が免除され、ゼロになる（次の後継者に「特例事業承継税制」を使って株式を贈与した場合も、納税が免除される）。

自社株の相続税がゼロになる

①後継者が自社株を相続する

株

相続

↓

②特例事業承継税制を利用する

相続税

納税猶予

↓

③後継者が死亡

0

相続税納税免除

次の後継者にも相続・贈与できる！

◉贈与税が「ゼロ」になるしくみ

①先代経営者から後継者が自社株式を贈与される。

②特例事業承継税制を使うと、贈与税が「納税猶予」される（この時点では、まだ免除にはならない）。

③先代経営者が死亡した場合、猶予されていた贈与税が免除される（ゼロになる）。

④贈与税は免除されるが、この特例によって得た自社株式は、先代経営者が亡くなったことで、「相続によって取得したもの」とみなされる。したがって、「贈与時の評価額」で他の相続財産と合算され、相続税の課税の対象となる。

⑤相続税は発生するが、この段階で「相続税の納税猶予（特例事業承継税制）」に切り替えると、相続税が「納税猶予」される。

⑥後継者が死亡するか、次の後継者に「贈与税の納税猶予（特例事業承継税制）」を使って株式を贈与した場合、納税が免除される。

自社株の贈与税がゼロになる

①先代経営者が
自社株を贈与する

株

贈与

↓

②特例事業承継税制を
利用する

贈与税

納税猶予

↓

③先代経営者が死亡

0

贈与税納税免除
（相続税発生）

**③のあとに相続税の納税猶予に
切り替えれば（94ページ）
後継者の税金を最終的にゼロにできる**

「税金ゼロ」の適用を受けるには、「3つ」の要件を満たさなければならない

■適用を受けることができる「対象会社」「後継者」「先代経営者」

特例事業承継税制の適用を受けるには、

◉対象会社に関する要件
◉後継者に関する要件
◉先代経営者に関する要件

を満たしている必要があります。

◉対象会社に関する要件

・「中小企業基本法」で規定された「中小企業」であること

【中小企業の定義】

・製造業・建設業・運輸業・その他の業種

……資本金の額または出資の総額が「3億円以下の会社」または、常時使用する従業員の数が300人以下の会社および個人。

・卸売業

……資本金の額または出資の総額が「1億円以下の会社」または、常時使用する従業員の数が100人以下の会社および個人。

・小売業

……資本金の額または出資の総額が「5000万円以下の会社」または、常時使用する従業員の数が50人以下の会社および個人。

・サービス業

……資本金の額または出資の総額が「5000万円以下の会社」または、常時使用する従業員の数が100人以下の会社および個人。

ただし、「中小企業」であっても、下記のいずれかに当てはまる企業は、特例事業承継税制の適用を受けることができません。

×資産管理会社である

……資産管理会社とは、個人または家族の資産管理を目的としている会社のことです。資産管理会社は**「資産保有型会社」**と**「資産運用型会社」**の2つに分類できます。

・**資産保有型会社**…有価証券、事業に使用していない不動産、現預金などの合計が総資産の「70％」以上を占める会社のこと。

・**資産運用型会社**…保有する資産から得られる収入が会社の総収入の「75％」以上を占める会社のこと。

資産管理会社を認めていないのは、「個人で保有する現金、不動産、有価証券、美術品などを会社に移し、その会社で事業承継税制の納税猶予の適用を受け、相続税の課税回避をする」ことができないようにするためです。

ただし、次の3つの要件をすべて満たしている場合は、資産管理会社であっても、適用を受けることができます。

・3年以上継続して商品販売等を行っている。

・常時使用従業員が5人以上いる。

・事務所や店舗といった、固定施設を所有または賃借している。

×上場会社である

×風俗営業会社である

……性風俗関連特殊営業（ソープランドなど）を営む会社のことです。ただし、バー、パチンコ、ゲームセンターなどは、風営法の規制対象事業ですが、性風俗関連特殊営業ではありませんので、認定要件を満たします。

×会社の総収入金額がゼロである

×従業員数がゼロである

◉後継者に関する要件

・「贈与税」の納税猶予を受ける場合

①会社の代表者である。

②20歳以上であり、贈与の直前において「3年以上役員」であること。特例事業承継税制は10年で終わることが予定されているので、8年目（期間が終わるまで残り2年）からの役員就任では手遅れになります。

③後継者およびその同族関係者（親族など）が保有する株式が50%を超える。

④後継者が同族関係者の中で筆頭株主である。

⑤贈与により取得した株式を1株も譲渡せず、継続して保有する。

・「相続税」の納税猶予を受ける場合

①相続直前に役員である（亡くなった先代が60歳未満の場合は、役員でなくてもいい）。

②相続開始の翌日から5ヵ月以内に代表者になっている。
③後継者およびその同族関係者（親族など）が保有する株式が50％を超える。
④後継者が同族関係者の中で筆頭株主である。
⑤相続により取得した株式を1株も譲渡せず、継続して保有する。

●先代経営者に関する要件

・「贈与税」の納税猶予を受ける場合
①会社の代表者であった（贈与までに代表権を返上する必要がある）。
②先代経営者およびその同族関係者（親族など）が保有する株式が50％を超える。
③先代経営者が同族関係者の中で筆頭株主である。

・「相続税」の納税猶予を受ける場合
①会社の代表者であった。
②先代経営者およびその同族関係者（親族など）が保有する株式が50％を超える。

③先代経営者が同族関係者の中で筆頭株主である。

■先代経営者は後継者に「一括贈与」しなければならない

先代経営者が自社株式をすべて保有している場合、特例事業承継税制による「贈与税」の納税猶予を受けるには、先代経営者は後継者に対して、

「後継者がすでに保有している株式と合わせて、発行済み株式の3分の2以上になるまで、自社株式を一括で贈与」

しなければなりません。

3分の2以上保有していれば、後継者は、特別決議の議決権を確保できるため、経営の意思決定権を持つことが可能です。仮に、先代経営者が「100株」持っていて、後継者がひとりの場合、「67株の贈与」が必要です。

3分の2を超える株式に関しては、贈与してもしなくてもかまいませんが、贈与しなかった3分の1の株式については、贈与税の納税猶予を受けることができません。

特例事業承継税制の場合、後継者数の枠は「最大3名まで」です。代表権を有する一定の後継者3名に、特例事業承継税制を適用した自社株式の相続・贈与が可能です。

後継者が複数いるときは、

- **後継者は、いずれも「10%以上」の株式を保有する**
- **後継者の保有する株式数が、先代経営者の株式数を超えている**

必要があります。

すべての自社株式を一度に譲るのではなく、先代経営者も株式を保有するのであれば、先代経営者に残せる株式の最大数は、次のようになります（先代経営者が「100株」持っている場合）。

・**先代経営者に残せる株式の最大数**

・後継者1名……33株（後継者67株）

・後継者2名……32株（後継者34株ずつ）

・後継者3名……24株（後継者26株、25株、25株）

こうやって「税金をゼロ」にする

■納税猶予の手続きのしかた

特例事業承継税制を使って贈与税の納税猶予を受けるためには、**「都道府県知事の認定」**と**「税務署への申告」**の手続きが必要です。

納税猶予の適用を受けるには、**2023年3月31日までに「特例承継計画」を都道府県知事へ提出**し、円滑化法の認定を受けます。

その後、現経営者（先代経営者）から後継者に対して特例の対象となる自社株式の贈与を行います。

また、**贈与を受けた年の翌年3月15日までに、事業承継税制の適用を受けるための「贈与税申告書」を認定書の写しとともに税務署に提出、同時に担保を提供**します。

そして**申告期限後、5年間は毎年1回、要件を満たし続けていることについて、都道府県庁へ「年次報告書」、税務署へ「継続届出書」を提出**します。

【贈与税の納税猶予の手続き】

①「特例承継計画」を作成する
②贈与を実行する
③都道府県庁に認定申請を行う
④税務署に贈与税申告書を提出、担保を提供する
⑤申告期限後5年間は、書類を提出する

①「特例承継計画」を作成する

はじめに、「特例承継計画」を作成します。特例事業承継税制の適用を受けるには、

2018年（平成30年）4月1日から、2023年3月31日までに「認定支援機関」の指導を受けて作成した「特例承継計画」を提出するのが前提です。

承継計画は、会社名、先代経営者の氏名、後継者の氏名（最大3名）、事業内容、承継時までの経営の見直し、5年間に行う承継実施内容、認定支援機関等による所見などを記載した計画書です（90ページ参照）。

認定支援機関とは、商工会、商工会議所、金融機関、税理士、公認会計士、弁護士など、国が認定する公的な機関のことです。ランドマーク税理士法人も認定支援機関のひとつです。

②贈与を実行する

先代経営者は、2027年12月31日までに株式を後継者に一括して贈与します。

2023年3月31日までに「特例承継計画」を提出していても、2027年12月31日までに株式を後継者に贈与していなければ、特例事業承継税制の適用を受けることはできません。

4　特例代表者が有する株式等を特例後継者が取得するまでの期間における経営の計画について

株式を承継する時期（予定）	平成30年10月
当該時期までの経営上の課題	➢ 工作機械向けパーツを中心に需要は好調だが、原材料の値上がりが続き、売上高営業利益率が低下している。 ➢ また、人手不足問題は大きな課題であり、例年行っている高卒採用も応募が減ってきている。発注量に対して生産が追いつかなくなっており、従業員が残業をして対応している。今年からベトナム人研修生の受け入れを開始したが、まだ十分な戦力とはなっていない。
当該課題への対応	➢ 原材料値上がりに伴い、発注元との価格交渉を継続的に行っていく。合わせて、平成30年中に予定している設備の入れ替えによって、生産効率を上げコストダウンを図っていく。 ➢ 人材確保のため地元高校での説明会への参加回数を増やし、リクルート活動を積極的に行う。またベトナム人研修生のスキルアップのために、教育体制を見直すとともに、5Sの徹底を改めて行う。

5　特例後継者が株式等を承継した後5年間の経営計画

実施時期	具体的な実施内容
1年目	・設計部門を増強するとともに、導入を予定している新型CADを活用し、複雑な形状の製品開発を行えるようにすることで、製品提案力を強化し単価の向上を図る。 ・海外の安価な製品との競争を避けるため、BtoBの工業用品だけではなく、鋳物を活用したオリジナルブランド商品の開発（BtoC）に着手する。 ・生産力強化のため、新工場建設計画を策定。用地選定を開始する。
2年目	・新工場用の用地を決定、取引先、金融機関との調整を行う。 ・電気炉の入れ替えを行い、製造コストの低下を図る。 ・オリジナルブランド開発について一定の結論を出し、商品販売を開始する

※中小企業庁「事業承継税制（贈与税・相続税の納税猶予）について」より

「特例承継計画」作成例

様式第21

施行規則第17条第2項の規定による確認申請書
(特例承継計画)

[redacted]年[redacted]月[redacted]日

[redacted]県知事　殿

郵便番号　000-0000
会社所在地　[redacted]県[redacted]市…
会社名　中小鋳造株式会社
電話番号　***-***-***
代表者の氏名　中小　一郎　　印

中小企業における経営の承継の円滑化に関する法律施行規則第17条第1項第1号の確認を受けたいので、下記のとおり申請します。

記

1会社について

主たる事業内容	銑鉄鋳物製造業
資本金額又は出資の総額	50,000,000円
常時使用する従業員の数	75人

2特例代表者について

特例代表者の氏名	中小　太郎
代表権の有無	□有　☑無（退任日 平成29年3月1日）

3特例後継者について

特例後継者の氏名（1）	中小　一郎
特例後継者の氏名（2）	
特例後継者の氏名（3）	

「特例承継計画」別紙

（別紙）

認定経営革新等支援機関による所見等

1 認定経営革新等支援機関の名称等

認定経営革新等支援機関の名称	●●商工会議所　印
（機関が法人の場合）代表者の氏名	中小企業相談所長 △△　△△
住所又は所在地	●●県●●市●−●

2 指導・助言を行った年月日

平成30年　6月　4日

3 認定経営革新等支援機関による指導・助言の内容

大半の株式は先代経営者である会長が保有しているが、一部現経営者の母、伯父家族に分散しているため、贈与のみならず買い取りも行って、安定した経営権を確立することが必要。

原材料の値上げは収益力に影響を与えているため、業務フローの改善によりコストダウンを行うとともに、商品の納入先と価格交渉を継続的に行っていくことが必要。原材料価格の推移をまとめ、値上げが必要であることを説得力を持って要求する必要がある。

新工場建設については、取引先の増産に対応する必要があるか見極める必要あり。最終商品の需要を確認するとともに、投資計画の策定の支援を行っていく。

なお、税務面については顧問税理士と対応を相談しながら取り組みを進めていくことを確認した。

※中小企業庁「事業承継税制（贈与税・相続税の納税猶予）について」より

③都道府県庁に認定申請を行う

先代経営者が後継者に贈与をした「翌年の1月15日」までに、都道府県庁に申請書と「特例承継計画」を提出します。適用要件を満たしていれば、当道府県庁から「認定書」が交付されます。

特例承継計画を提出していなかったとしても、2023年3月31日までに先代経営者が死亡した場合には、「相続税」の特例事業承継税制の適用を受けることができます。また、2023年3月31日までに相続・贈与を行う場合は、相続・贈与をしたあとに、特例承継計画を提出することも可能です。

④税務署に贈与税申告書を提出・担保を提供する

都道府県庁から交付された「認定書」と、「贈与税申告書」を税務署に提出します。あわせて納税猶予および利子税に見合う担保を提供します。

⑤申告期限後5年間は、書類を提出する

贈与税の納税猶予を受けたあとは、5年間は、年に一度、都道府県庁および税務署への報告・届出などの手続きが必要となります。
5年経過後は（6年目以降）、3年に一度、税務署に届出書を提出します。

2027年12月31日までに贈与をして、特例事業承継税制の特例を受けたとします。その後、先代経営者が亡くなったときは、贈与時点の株式の評価額が相続財産とみなされて「相続税」が課税されますが、「贈与税から相続税へ納税猶予を切り替える」（死亡の翌日から8ヵ月以内）と、相続税が全額猶予されます。

「相続税」の納税猶予を受ける手順も、基本的な手続きは「贈与税」と同じですが、「都道府県庁に認定申請」のしかたに違いがあります。
贈与税では、先代経営者が後継者に贈与をした「翌年の1月15日」までに申請書と「特例承継計画」を提出しますが、**相続税では、「相続の開始後8ヵ月以内」に申請**をします。

贈与税納税猶予手続きの進め方

提出先	手続き	内容
都道府県庁	承継計画の策定	●会社が作成し、認定支援機関（商工会、商工会議所、金融機関、税理士等）が所見を記載。 ※「承継計画」は、当該会社の後継者や承継時までの経営見通し等が記載されたものをいいます。 ※認定支援機関であれば、顧問税理士でも所見を記載できます。 ●2023年3月31日まで提出可能。 ※2023年3月31日までに相続・贈与を行う場合、相続・贈与後に承継計画を提出することも可能。
都道府県庁	贈与の実行	
都道府県庁	認定申請	●贈与の翌年1月15日までに申請。 ●承継計画を添付。
税務署	税務署へ申告	●認定書の写しとともに、贈与税の申告書等を提出。 ●納税猶予額および利子税の額に見合う担保を提供。 ●相続時精算課税制度の適用を受ける場合には、その旨を明記。
税務署／都道府県庁	申告期限後5年間	●都道府県庁へ「年次報告書」を提出（年1回）。 ●税務署へ「継続届出書」を提出（年1回）。
税務署／都道府県庁	5年経過後実績報告	●雇用が5年平均8割を下回った場合には、満たせなかった理由を記載し、認定支援機関が確認。その理由が、経営状況の悪化である場合等には認定支援機関から指導・助言を受ける。
税務署	6年目以降	●税務署へ「継続届出書」を提出（3年に1回）。

※中小企業庁「事業承継税制（贈与税・相続税の納税猶予）について」より

■納税猶予の認定が途中で取り消されるケースがある

一定の事由に該当した場合、猶予されている贈与税あるいは相続税の金額と利子税を併せて納付しなければなりません。

【認定が取り消されるおもなケース】

■都道府県庁および税務署への報告・届出を怠ったとき（5年経過後も取り消し）

■会社が倒産、解散したとき（5年経過後も取り消し）

■納税猶予の対象株式を譲渡・贈与したとき（5年経過後も取り消し）

■資産保有型会社や資産運用型会社になったとき（5年経過後も取り消し）

■減資を行ったとき（5年経過後も取り消し）

■組織変更（会社分割や子会社化など）があったとき（5年経過後も取り消し）

■会社の総収入金額がゼロになったとき（5年経過後も取り消し）

・特例承継期間（原則として申告期間から5年間）に限られる内容

□後継者が代表者でなくなったとき(不慮の事故などで代表者が死亡した場合は除く)

□常時雇用する従業員の数が80％を下回ったとき（認定支援機関の指導のもと、要件を満たせなくなった理由を記載した書類を提出すれば猶予される）

□「後継者およびその同族関係者（親族など）が保有する株式が50％を超えていて、なおかつ、後継者が同族関係者の中で筆頭株主である」という後継者に関する要件を満たせなくなったとき

□上場したり、風俗営業会社になったとき

□先代経営者が代表者に復帰したとき

一般制度（現行制度）と、特例制度では何が違うのか？

■一般事業承継税制と、特例事業承継税制の「9つ」の違い

事業承継税制には、2009年から続いている現行制度（一般事業承継税制）と、2018年4月から導入された「特例事業承継税制」の2つの制度があります。

たとえば、

・特例承継計画を提出期間内に提出しないまま、2023年4月1日以降に先代経営者が死亡した場合

・特例承継計画を提出せずに、提出期間を過ぎてしまったあとに贈与をした場合

については、特例事業承継税制ではなく、一般事業承継税制の適用になります。

一般事業承継税制と特例事業承継税制は併存し、特例事業承継税制の条文に書かれていない内容については、「一般事業承継税制を参照する」とされているため、適用を受けるときは、両制度の違いを理解しておく必要があります。

一般事業承継税制と、特例事業承継税制のおもな違いは、次の「9つ」です。

①対象株式

・一般事業承継税制……発行済議決権株式総数の3分の2

・特例事業承継税制……100％（全株式）

一般事業税制では、発行済議決権株式総数の3分の2の株式が限度でしたが、特例事業承継税制では、すべての株式が対象です。

②相続の際の猶予対象評価額

・一般事業承継税制……80％

・特例事業承継税制……100％

一般事業税制では、対象株式の「評価額の80％」に相当する金額が猶予されます。これに対し特例事業承継税制では対象株式の「評価額の100％」に相当する金額が猶予されます。

一般事業承継税制の場合、「納税猶予の対象となる株式（発行済議決権株式総数）の上限が全体の3分2までで、しかも、相続の場合の猶予割合は80％」ですから、「3分の2×80％＝53％」の自社株式は猶予されますが、「残りの47％」は納税が必要でした。

一方で、特例事業承継税制では、上限と猶予割合が100％なので、自社株に対する相続税を「ゼロ」にすることが可能です。

③雇用確保要件

・一般事業承継税制……5年平均80％を維持
・特例事業承継税制……実質撤廃

一般事業承継税制では、従業員数が、「5年平均で、相続時（贈与時）の従業員数の80％を下回ってはいけない」という決まりがあります。たとえば、贈与時には従業員が100人いて、3年目に従業員数が60人に減った場合、80％を下回っている（76％になっている）ため、認定が取り消されます。

特例事業承継税制では、80％を下回った理由を記載した書類（認定支援期間の意見が記されているもの）を提出すれば、認定が取り消されません。したがって、**雇用確保要件は「実質撤廃」**と言えます。

④贈与ができる人
・一般事業承継税制……複数株主
・特例事業承継税制……複数株主

自社株式は、先代経営者のみが所有しているとは限りません。先代経営者の配偶者や兄弟、また幹部従業員など、複数の株主が少しずつ株式を所有していることがあります。

特例事業承継税制では、後継者への自社株式の集約を促進するため、先代経営者意外の株主からの贈与についても対象としています。ただし、

・先代経営者が最初に一括で贈与する

・その他の者の贈与は、先代経営者の贈与年から5年の間に行う

ことが条件です。

⑤後継者

・一般事業承継税制……後継者ひとりのみ

・特例事業承継税制……後継者3名まで

一般事業承継税制では、「筆頭株主である代表者ひとり」に限られていました。し

かし、特例事業承継税制では、「後継者3名」まで認められます。
特例事業承継税制の適用を受けるには、「特例承継計画」を提出しなければなりません。この計画には、「株式の贈与を受ける後継者」を記載することになっていますが、「提出する時点で、まだ後継者が絞られていない」「当面は代表者を2名、ないし3名に任せたい」といった場合は、後継者を複数人にしておくことができます。

ただし、

・特例承継計画に全員の後継者を記載すること
・贈与時までに、それぞれが代表権を有していること
・議決権割合の10%以上を有し、かつ議決権保有割合上位3位以内の者であること

といった条件があります。

⑥相続時精算課税

・一般事業承継税制……推定相続人ひとりのみ適用

・特例事業承継税制……推定相続人以外も適用

「相続時精算課税」は、原則として、60歳以上の贈与者から20歳以上の推定相続人（今、相続が開始されたときに、相続人となる可能性が高い人のこと）について適用が可能です。相続時精算課税制度とは、

「親が子どもに生前贈与したとき、2500万円までは、ひとまず税金を払わなくていい。その代わり、親が亡くなって残りの財産を相続したときに、相続した財産（亡くなってから受け取った財産）と、贈与された財産（亡くなる前に受け取った財産）を加算して相続税を計算する」

という制度です。つまり、**贈与税を後回しにして、相続税で「精算する」という制度です。2500万円までは非課税で、相続時に加算されて相続税がかかります。**

贈与者と受贈者の範囲が拡大

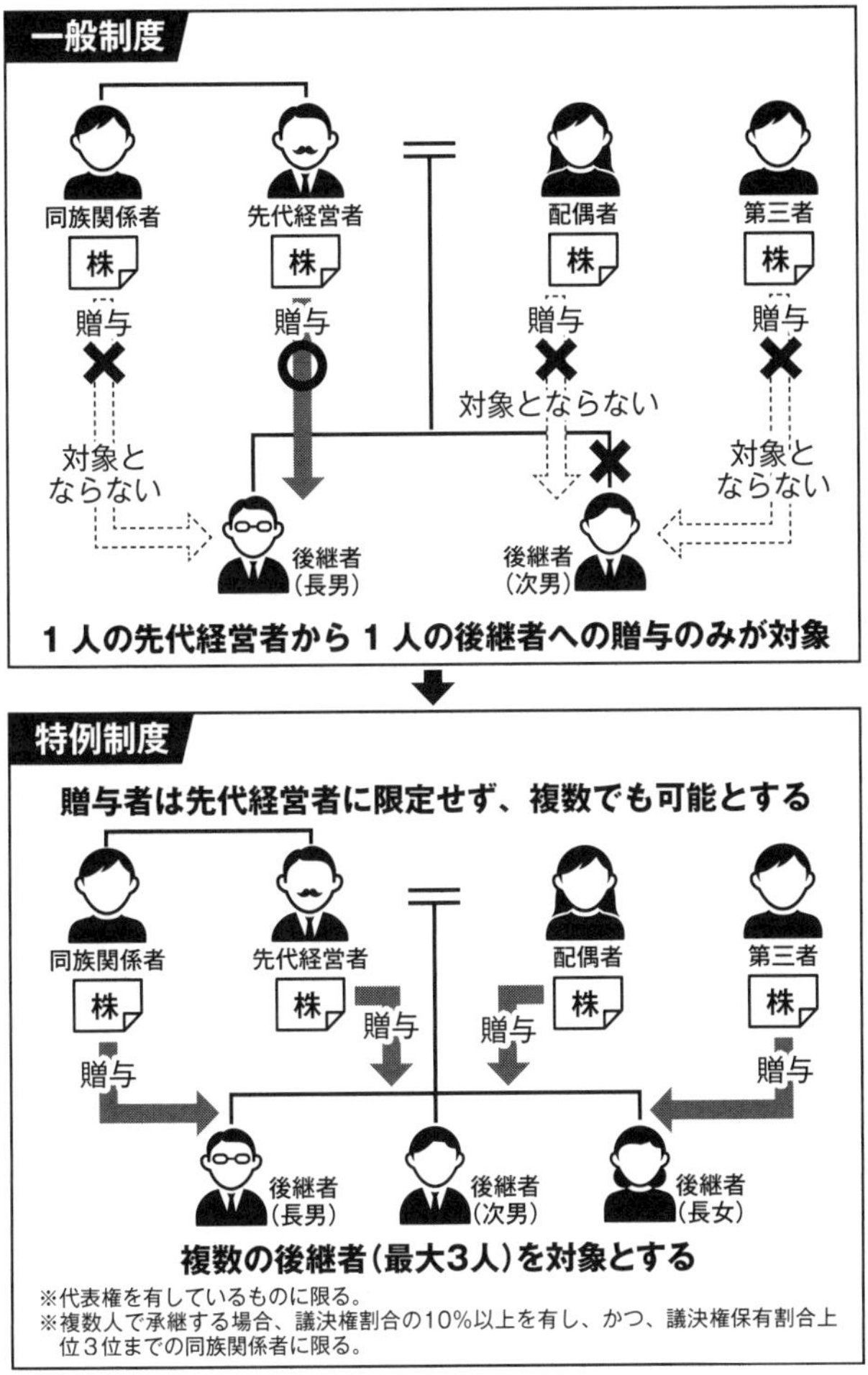

2500万円を超えると、2500万を超えた額に対し、「一律20%」で贈与税がかかります。

事業承継税制では、「納税猶予」と、相続時精算課税制度との併用が認められています。贈与税の納税猶予の適用を受けても、認定が取り消された場合に高額の贈与税負担が発生するリスクがあります。中小企業庁の解説事例では、

「総議決権株式数1万株、1株3万円、株価総額3億円。先代経営者は株式全体の3分の2（2億円）を保有しており、後継者へ当該株式の全株を移転する。その他の資産なし。相続人は後継者1名のみ」

の場合、先代経営者が死亡して自社株式を取得した場合、4860万円の納税になります。一方、2億円分の自社株式を特例事業承継税制の適用を受けて贈与した場合は、「贈与税の納税が猶予」されます。

・2億円の株式を先代経営者の死亡後に相続した場合……相続税4860万円
・2億円の株式を先代経営者が存命中に、特例事業承継税制によって贈与した場合……贈与税ゼロ

ただし、事業承継税制の認定が取り消されてしまうと、贈与税が課税されます。納税額は、「約1億3000万円」です。

・2億円の株式を先代経営者の死亡後に相続した場合……相続税4860万円
・特例事業承継税制を使って2億円分の株式の贈与を受けたものの、途中で認定を取り消された場合……贈与税約1億3000万円

1億3000万円－4860万円＝5440万円。認定を取り消された場合、通常の相続で自社株式を取得するより、「5440万円」も多く納税することになります。

こうしたリスクを避けるために、「相続時精算課税制度」との併用が認められています。

相続時精算課税制度を併用すれば、認定取消時の贈与税は、3500万円納付になります（2500万円の特別控除、贈与税率は20％で計算）。さらに相続発生時に相続税の精算として、1360万円を納付するので、合計4860万円の税負担となります。相続時精算課税制度を併用すれば、認定取消時の課税リスクを大幅に緩和することが可能です。

ただし、相続時精算課税制度は、「節税」という点に絞って考えてみると、必ずしも最善策だとは言えません。

相続時に加算される贈与財産の額は、「贈与の時点」での評価額です。

仮に、生前贈与で「評価額2億円」の自社株式を贈与したとします。けれど、会社の業績が下がり、相続時に評価額が「1億円」まで下がってしまえば、相続時に余計な税金を払うことになります。

贈与しなければ相続時には1億円で評価されたはずです。ですが、生前贈与をしたために、1億円の価値のものを2億円の価値があるとして加算しなければなりません。

相続時精算課税制度との併用

【事例】・総議決権株式数1万株、１株3万円、株価総額3億円(相続税評価額)。
・先代経営者は株式全体の2/3（2億円）を保有しており、後継者へ当該株式の全株を移転する。その他の資産なし。
・相続人は後継者1名のみ。

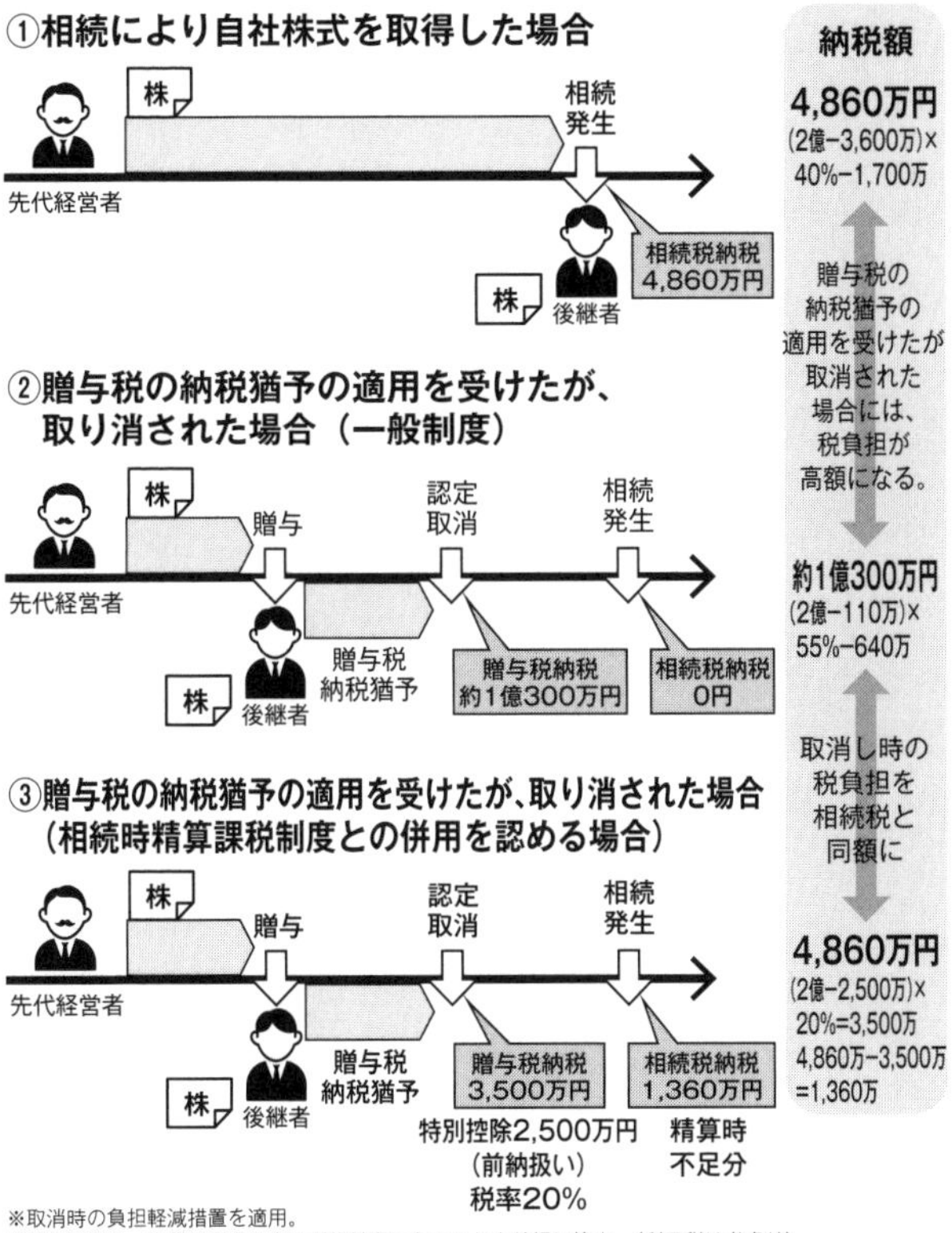

※取消時の負担軽減措置を適用。
※納付税額は、先代経営者の息子が後継者になることを前提に算出。(利子税は考慮外)
※親族外承継の場合、親族外の後継者には相続税額の２割に相当する金額が加算される。また、贈与税額も高くなるケースがある。
※2019年３月の税制に基づく。

自社株式の株価の上昇が見込まれるときに多額の生前贈与をするのであれば、相続時精算課税の併用がいいでしょう。逆に、株価の下落が見込まれるときには、生前贈与は実行せず、そのまま持ち続けることが節税の観点からは有利です。

ランドマーク税理士法人でも、ある会社（A社）に、特例事業承継税制（贈与税の納税猶予）と相続時精算課税制度を併用した事業承継のスキームをご提案させていただいたことがあります。

A社は、代表取締役（母親）と専務取締役（長男）の2人が自社株式を100株ずつ所有しています。この会社の1株あたりの株価を原則的評価方式により算出したところ、「57万5800円」となりました。

この場合、母親所有の相続税評価額は、「57万5800円×100株＝5758万円」です。

また、A社が母親に役員退職金を支払って自社株式の評価額を下げたあとの1株あたりの株価は、試算の結果、

・役員退職金1000万円の場合……52万3500円
・役員退職金2000万円の場合……47万3100円

になりました。相続時精算課税制度の非課税枠は2500万円で、非課税枠を超えた金額に対して、一律20％の税率がかかります。

A社の1株あたりの株価は57万5800円でしたので、

「(57万5800円×100株－2500万円)×20％＝651万6000円」

この「651万6000円」が贈与税の納税猶予額になります。また、役員退職金を払った場合は、納税猶予額は次のようになります。

「(52万3500円×100株－2500万円)×20％＝547万円」(1000万円の場合)

「(47万3100円×100株－2500万円)×20％＝446万2000円」
(2000万円の場合)

相続時精算課税制度にはメリットだけでなく、デメリットも存在します。「得か、損か」の判断が非常に難しいので、事業承継・相続専門の税理士に相談したうえで利用を検討したほうがいいでしょう。

⑦相続・贈与時から5年後以降に株式の譲渡、解散があった場合

・一般事業承継税制……民事再生や会社更生のときに、その時点の評価額で相続税・贈与税を再計算し、超える部分の納税猶予額を免除

・特例事業承継税制……「経営環境の変化を示す一定の要件」の場合には、売却、合併による消滅、解散時においても同様の制度を導入

一般事業承継税制においても、相続・贈与時から5年後以降に会社が破産・清算した場合には猶予税額が全額免除されます。また、民事再生や会社更生の際に、その時点の評価額で相続税を再計算し、相続・贈与時との時価との差額部分は猶予税額を免除する手当てがされています。

特例事業承継税制ではさらに、「経営環境の変化を示す一定の要件」を満たす場合には、売却・合併による消滅、解散時においても同様の減免制度が導入されます。

⑧特例承継計画の提出

・一般事業承継税制……提出不要

・特例事業承継税制……提出が必要。提出期限は、２０１８年（平成30年）４月１日から５年間

特例事業承継税制の適用を受けるには、特例承継計画の提出が必須です。

今すぐ贈与する予定がなくても、まずは特例承継計画を提出しておいてもいいでしょう。特例承継計画の提出後に贈与を行わなくてもかまいません。

⑨先代経営者からの相続・贈与の期間

・一般事業承継税制……期間なし

・特例事業承継税制……２０１８年１月１日から２０２７年12月31日まで

特例承継計画を提出しても、２０２７年12月31日までに相続・贈与をしなければ、特例事業承継税制の適用を受けることはできません。

期限を過ぎてしまった場合は、一般事業承継制度の適用となります。

特例事業承継税制と一般事業承継税制の比較

	特例事業承継税制	一般事業承継税制
事前の計画策定等	5年以内の特例承継計画の提出［2018年4月1日から2023年3月31日まで］	不要
適用期限	10年以内の相続・贈与等［2018年1月1日から2027年12月31日まで］	なし
対象株数	全株式	総株式数の最大3分の2まで
納税猶予割合	100%	贈与：100% 相続：80%
承継パターン	複数の株主から最大3人の後継者	複数の株主から1人の後継者
雇用確保要件	弾力化	承継後5年間平均8割の雇用維持が必要
事業の継続が困難な事由が生じた場合の免除	あり	なし
相続時精算課税の適用	60歳以上の者から20歳以上の者への贈与	60歳以上の者から20歳以上の推定相続人・孫への贈与

第3章

成功する事業承継の5ステップ

【ステップ①　現状把握】
自社株式の評価額を算出する

ここまで見てきたように事業承継への取り組みは会社にとって非常に大きな問題ですが、ついつい先送りにされがちです。しかし、繰り返しますが、事業承継の準備には、後継者の育成も含めると、5～10年程度を要します。

経営者の平均引退年齢が「70歳前後」であることを踏まえると、できれば**先代経営者が「50歳代（遅くとも60歳）」のときに、事業承継に向けた準備に着手する必要があるで**しょう。

ランドマーク税理士法人では、事業承継を次の「5つ」のステップで考えています。

【事業承継の5ステップ】

ステップ① 現状把握
ステップ② 後継者検討と計画策定
ステップ③ 具体的な方法と必要資金の検討
ステップ④ 争族回避
ステップ⑤ 相続税の節税対策

■業績の良い会社は、自社株式の評価が高くなる

【ステップ① 現状把握】

現状把握でもっとも大切なのは、**「自社株式の評価額」を知ること**です。事業承継によって会社の株式を移転させる際には、株価が低いほど円滑に進みます。購入するための買い取り資金が少なくて済みますし、相続税や贈与税が安く済むためです。

業績の良い会社は、自社株式の評価が高くなっているため、相続税の納税や遺産分割の問題などが生じる可能性があります。

会社の株式の評価方法は、上場されている株式（上場株式）と、上場されていない株式（非上場株式）に分けることができます。

◉上場株式の評価

上場株式とは、全国の証券取引所（東京、札幌、名古屋、福岡など）に上場されている株式のことを言います。

評価の原則は、その株式が上場されている「証券取引所における贈与日あるいは相続開始日の最終価格」になります。ただし、株価は常に動いていますので、次に掲げる金額のもっとも低い価格で評価します。

・課税時期（贈与日あるいは相続開始日）の最終価格
・課税時期の属する月の毎日の最終価格の月平均額
・課税時期の属する月の前月の毎日の最終価格の月平均額
・課税時期の属する月の前々月の毎日の最終価格の月平均額

先代経営者が、上場会社の株式を所有していた場合は、証券取引所の価格を用いて容易に算出することができます。

◉非上場株式（取引相場のない株式）の評価

一方、上場株式の場合に比べ、取引相場のない株式の評価は細かく規定されており、かなり複雑ですが、基本的には、「株主の地位」と「会社の規模」による2つのポイントがあります。

・ポイント① 株主の地位による評価の違い

株主がその会社の社長や社長の親族の場合、一般的に持株数も多く、会社に対する支配権も大きいので、「その他の株主」に比べて株式の評価は高くなります。この場合、**「原則的評価方式」**という方法を用いて評価します。

一方、その他の株主は会社に対する支配権がないため、株主の評価は低めになります。この場合、**「配当還元方式」**という方法を用います。

・ポイント②　会社の規模による評価の違い

親族が持つ株式（会社に対して支配権を持つ株主の株式）を「原則的評価方式」で評価するときは、会社の規模に応じて、評価方法が変わります。

・原則的評価方式…評価する株式を発行した会社を従業員数、総資産価額、売上高により「大会社」「中会社」「小会社」のいずれかに区分して、原則として次のような方法で評価します。

上場会社に近い「大会社」については、会社の配当金額、利益金額、純資産金額を同業種の上場会社の平均と比較して上場会社に準じて評価します。この場合の方法を、**「類似業種比準価額方式」**と言います。

一方、個人商店のような「小会社」については会社の純資産価額（資産から負債を引いたもの）をもとに算出します。この場合の方法を**「純資産価額方式」**と言います。

なお、「大会社」と「小会社」の中間にあるような会社「中会社」は、類似業種比準価額方式と純資産価額方式を併用して評価します。

中小企業の事業承継に関しては、「純資産価額方式」がベースになると考えておいてよいでしょう。

ただし、中小企業の株式（非上場会社の株式）の評価は一般的に複雑なので、正確に評価額を算出するには、税理士などの専門家に任せるべきです。

また、不動産など「自社株式以外」にも資産がある場合は、「自社株式を含めた相続税」がいくらになるのかも、**毎年試算すること**をおすすめします（評価額は毎年変わるからです）。

■自社株式の評価額を下げる「5つ」の方法

自社株式の評価額が高くなるほど、後継者が負担する税金（相続税、贈与税）も高くなります。

多額の相続税や贈与税は、後継者や会社の資金繰りを圧迫する危険があるので、「自社株式の評価額を下げる方法」を考えながら、長期的に株式を移す必要があります。

自社株式の評価額を下げる方法として代表的なのは、次の「5つ」です。

【自社株式の評価額を下げる方法】

①配当を出さない、あるいは配当率を下げる
②不良債権の償却などで経費を増やす
③機械設置、建物、不動産などに新規投資する
④役員退職金を支給する
⑤損金経理できる生命保険、傷害保険に加入する

①配当を出さない、あるいは配当率を下げる

配当を行わなかったり、配当率を下げることで、株価を引き下げることができます。

配当金は直近2年間の平均配当額で計算されますから、2年間だけ無配にして株価を下げると、贈与しやすくなります。

経営者が自社株式のすべてを保有している場合は、配当金ゼロの無配当株にしてしまうことも可能です。

②不良債権の償却などで経費を増やす

回収の見込みのない売掛金、貸付金は、実質的な利益になっていないのにもかかわらず、会計上は資産に計上され、利益としてプラスに表示されます。利益が大きく計上されると自社株式の評価額は高くなるので、株式の評価額を下げる上で、不良債権はデメリットです。

債権放棄を行って明らかに回収困難であると認められた場合は、その債権は法的に消滅し、損金にすることができます。

また、含み損（取得価格に対し時価が値下がりしている状態のこと）を抱えている棚卸資産や不良在庫を売却したり、時価が簿価（貸借対照表計上の金額）を大幅に下回った不動産などを売却すれば、純資産を減らすことができます。

③機械設置、建物、不動産などに新規投資する

機械、コンピュータ、デジタル複合機、ソフトウェアを購入した場合には、一定の要件に該当すれば、特別償却によって、より多く減価償却費を計上できます。結果として利益が低くなるので、株価を引き下げる効果があります。

設備や機械の入れ替えが必要な場合で、多額の除却損（会社の事業において、不要となった資産を、除却することによって発生した損失のこと）が計上できるときは、後継者に事業を引き継ぐ前に、設備や機械を入れ替えることがポイントです。

また、会社で不動産を購入した場合、個人で購入したときと同じように、株式評価額計算における不動産の相続税評価額は、購入価額より低くなります。土地の評価額は時価の80％程度、建物に関しては60％程度と低く評価されることもあるため、純資産価額を引き下げる効果があります。会社が現金を持ったままその同族法人の株式を相続するよりも、不動産を取得することで節税効果が期待できます（ただし、不動産を購入した場合、引き下げ効果が期待できるのは3年経過後であり、それより前は時価で評価します）。

④役員退職金を支給する

役員退職金は、損金として認められます。社長が存命中に退職金を支給すれば、自社株式の株価を引き下げることができます。退職金を支払うと会社の利益（財産）が減少するため、結果として株価を下げることができます（確実に損金として認められるためには、未払計上せずに、一括支給が望ましい）。

また、退職金を後継者以外の子どもたちへの相続用（贈与用）に使えば、遺産分割をめぐる後継者と他の子どもたちとの争いの防止に役立ちます。

【退職金の計算方法】

退職金＝最終月額報酬額×役員在籍年数×功績倍率（通常は2〜3倍）

たとえば、「報酬月額100万円」「役員在任年数25年」「功績倍率3倍」の社長であれば、退職金の金額は、

「100万円×25年×3倍＝7500万円」

となり、7500万円までは損金算入が認められます。

なお、税務署の調査で必ず聞かれるので、役員退職金規程を作成しておくことが必要です。

◉役員退職金のメリット

・役員にとって役員退職金は役員報酬よりも税負担が少ないため、手元に多額の現金を残すことができる（その現金を相続税の納税資金対策や遺留分対策に活用できる）。

・退職金を支給することで後継者へのバトンタッチが明確になるため、後継者の自覚を促すことができる。

・役員退職金の原資を内部留保の取り崩しによってまかなうと、自社株式の評価額が下がる。

・先代経営者の退任と株式移動をセットで行うと、対外的にも説明がつきやすい。

・死亡退職金にも相続税の非課税枠がある（500万円×法定相続人の数）。

◉役員退職金のデメリット

・株価が下がる効果は、役員退職金支給年度終了後1年間（退職金を支給した次の決算期中の1年間）のみである。
・退職金相当額の資金が必要となるため、事前に生命保険を積み立てたり、支給時に金融機関から融資を受けるなどして、資金調達を検討しておく必要がある。
・退職金を受け取った先代経営者は、経営から退かなければならない。
・同業種で同規模の役員退職金水準と比較して著しく高額な役員退職金の場合、法人税の損金に算入できないことがある。

⑤損金経理できる生命保険、傷害保険に加入する

法人契約の生命保険は、保険料の一部を損金計上できるので、自社株式の評価を下げる効果が期待できます。ただし、特定の役員のみに対する保険の場合は、損金不算入になる場合があります。また、死亡保険金の受取人を相続人にすることによって、相続税の納税資金を確保できます。

生命保険を役員退職金の資金とすることもできますし、「後継者に自社株式を相続させ、他の兄弟には現金を渡す」といった場合にも、生命保険を活用して現金を準備しておくことができます。

子どもが複数人いる場合は、複数の終身保険に加入をして死亡保険金の受取人を指定しておけば、事業承継をスムーズに行うことができます。

◉生命保険のメリット

- **死亡保険金の受取人を相続人にすることにより、相続税の納税資金を確保できる。**
- **将来の役員退職金の原資を保険によって準備することもできる。**
- **先代経営者が突然亡くなった場合でも、会社を立て直す資金にできる。**
- **遺産分割協議を行う必要がない。**
- **死亡保険金受取人を指定することにより、財産分割のバランスをとることができる。**
- **自社株式が財産のほとんどを占める場合でも、後継者以外の子どもに対して、財産**

を渡す手立てを確保できる。
・一定の契約形態の生命保険には、相続税の死亡保険金の非課税枠（５００万円×法定相続人の数）がある。

◉生命保険のデメリット

・遺留分対策として生命保険を活用する場合、保険金は後継者が受け取り、その他の相続人に分割することが前提になる。生命保険は、民法上、相続財産ではなく、相続人固有の財産となるため、後継者以外の相続人を受取人とする契約では、遺留分の解決にならない。
・退職金の原資として生命保険に加入しているときは、保険金が収益として計上されるので、加入前の評価額に比べて株価が下がりにくくなる可能性がある。

なお、税制に変更がある場合があるので、実行する際には必ず専門家や保険会社にご確認ください。

【ステップ② 後継者検討と計画策定】

後継者は、親族内→親族外→M&Aの順番で考える

■誰を、どのような方法で後継者にするかを考える

ステップ②では、「いつまでに」「誰を」「どのような方法で」後継者にするのかを考えます。事業承継は、一時点で一気にできるものではないため、中長期のタイムスパン（5～10年）を見て、計画的に進める必要があります。自社株式や事業用資産を移転する方法としては**「生前贈与」「譲渡（売買）」「相続」**があります。

後継者は、**「親族内」「親族外」「M&A」**の3つの選択肢の中から検討します。それぞれのメリット、デメリットは次の通りです（参照：中小企業庁「事業承継ガイドライン20問20答　中小企業の円滑な事業承継のための手引き」）。

①親族内承継

【メリット】

・内外の関係者から心情的に受け入れられやすい。

・後継者を早期に決定し、後継者教育等のための準備期間を確保できる。

・相続により財産や株式を後継者に移転できるため、他の方法と比べて、所有と経営の分離を回避できる可能性が高い。

【デメリット】

・後継者候補に、経営能力と意欲があるとは限らない。

・相続人が複数いる場合、後継者の決定・経営権の集中が難しい。

・後継者以外の相続人への配慮が必要。

②親族外承継

【メリット】

・会社の内外から広く候補者を求めることができる。

・内部昇格する場合は、経営の一体性を保ちやすい。

【デメリット】

・親族内承継以上に、後継者候補が経営への強い意志を有している必要がある。
・親族内承継と比べると、関係者から心情的に受け入れられない場合がある。
・後継者候補に株式取得等の資金力がない場合が多い。
・個人債務保証の引き継ぎなどの問題がある。

③M&A

【メリット】

・身近に後継者候補がいない場合でも、広く候補者を外部に求めることができる。
・現経営者が会社売却の利益を獲得できる。

【デメリット】

・希望の条件（従業員の雇用、価格等）を満たす買い手を見つけるのが困難である。
・経営の一体性を保つのが困難である。

【ステップ③ 具体的な方法と必要資金の検討】

事業承継には、どのようなスキームがあるのか？

■「6つのスキーム」メリット・デメリット

ステップ③では、事業承継の具体的なスキームを検討します。さまざまな方法を組み合わせ、自社株式の評価額を下げながら、株式を後継者に引き継いでいきます。

ステップ①で紹介した「配当率を下げる」「不良債権を償却する」「新規投資する」「役員退職金を活用する」「生命保険を活用する」といった自社株式の評価額を下げる方法のほかにも、次のようなスキームが考えられます。

【事業承継のスキーム】

①持株会社を活用するスキーム
②高収益部門を分社化するスキーム
③従業員持株会を活用するスキーム
④ＭＢＯを活用するスキーム
⑤投資ファンドを活用するスキーム
⑥中小企業投資育成株式会社を活用するスキーム

①持株会社を活用するスキーム

持株会社とは、**「他の株式会社の株式を保有して、その会社の支配を目的とする会社」**のことです（「ホールディングス」と呼ばれる会社も、概念は同じ）。

後継者が持株会社を設立し、既存の事業会社（本体の会社。後継者が承継する会社）の株式を全額買い取ることで、事業承継がスムーズに進むことがあります。

●持株会社のメリット

・本体の株式は持株会社が保有しているので、本体の株式の相続は発生しない。
・株式の買い取り資金を用立てるとき、法人化していれば、銀行の融資が受けやすい。
・社長が複数の会社を経営している場合、事業承継は会社の数だけ必要になるが、持株会社がすべての会社を支配していれば、持株会社の株式を承継するだけで終わる。
・持株会社の相続と、本体の相続を比較した場合、相続税の額は変わらないが、本体の会社が成長して株式に含み益（保有している株式の株価が購入した価格よりも高くなること）が生じると、含み益に対しては一定の控除があるため、節税になる。
・将来、後継者が相続するのは（先代経営者が亡くなったときは）、株式ではなく先代経営者が換金した現金なので、後継者は現金の一部を相続税の納税資金に使うことができる。

◉持株会社のデメリット

・新会社を設立するためのコスト（資本金、登録免許税など）が発生する。毎期、法人税などの申告が必要になる。

・持株会社は、株式を購入するための資金を準備する必要がある。

・株式購入資金は借り入れる場合、その返済方法を検討する必要がある。

・借入金の返済を本体からの配当金でまかなう場合、業績によって配当金が減額になると（あるいは無配になると）、返済資金の確保が難しくなる場合がある。

・持株会社は、「時価」で先代経営者から株式を買い取らなければならない（時価以外の取引が行われた場合、時価との差額については追加的な税負担が発生する）。

・株式を譲渡した先代経営者は、株式を譲渡した年の翌年の3月15日までに株式の譲渡益について申告分離課税で確定申告をしなければならない。

持株会社が銀行借り入れを利用して、株式を買い取る場合の流れは、次のようになります（先代経営者が１００％株式を保有している場合）。

持株会社の活用方法

①後継者が持株会社設立

②株式購入資金の調達

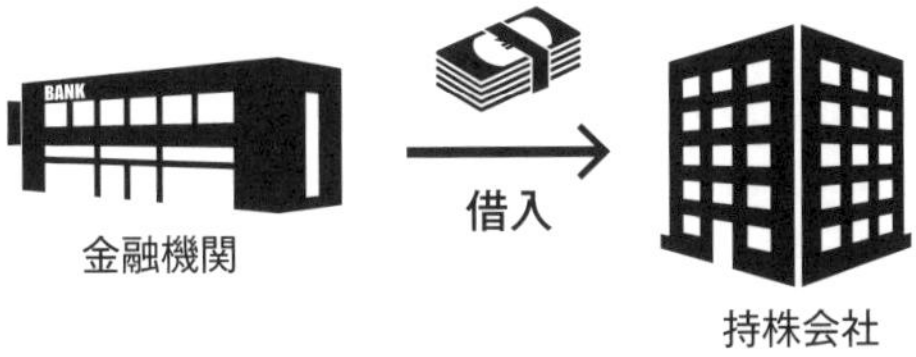

③株式の譲渡

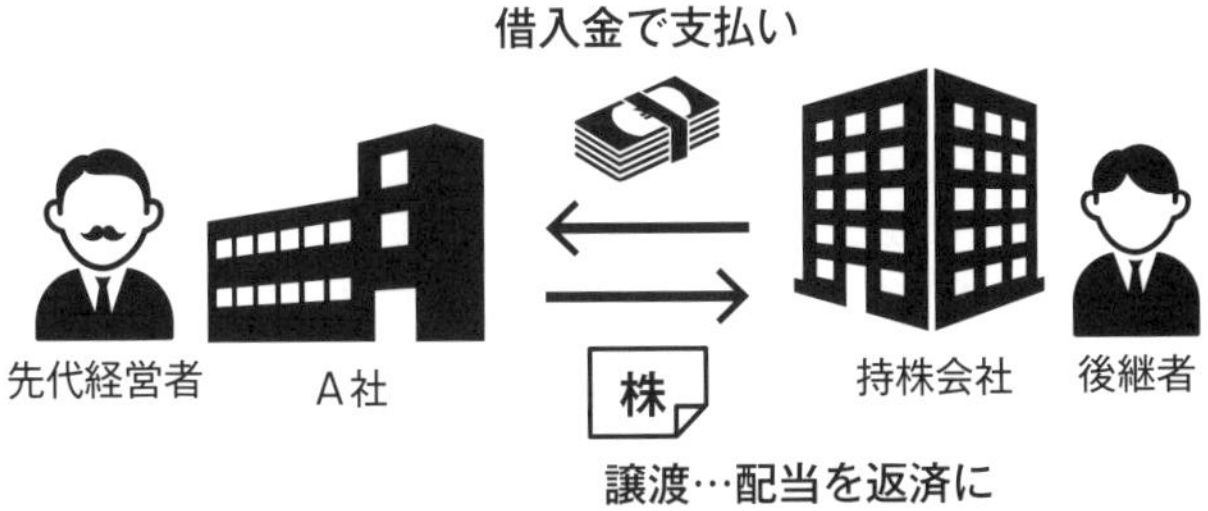

持株会社がA社を
子会社化できる！

(1)後継者が持株会社を設立する。
(2)持株会社が金融機関から融資を受ける（本体の時価相当額を借り入れる）。
(3)金融機関から借り入れた資金を使って、先代経営者から100％株式を買い取る（持株会社が本体を子会社化する）。
(4)持株会社は本体から配当を受け、その配当を使って金融機関に返済する。

前述した株式会社武蔵野の小山昇社長も、資本金400万円で持株会社「有限会社小山経営計画研究会」を設立しました（現在、有限会社の設立は認められていない）。この持株会社に、小山社長個人が所有していた株の一部を移しています。このことにより、小さな会社（小山経営計画研究会。2018年に100％株式を移し、株式会社に組織変更）が大きな会社（武蔵野）を支配する構図ができています。

小山経営計画研究会では、事業承継のために、武蔵野から土地を購入して、その土地を武蔵野に貸しています。土地の購入費用は、持株会社が銀行からお金を借りています。借金の返済には「武蔵野から得る賃貸収入」を充てています。

②高収益部門を分社化するスキーム

「100%子会社」を新設すると同時に、親会社の高収益部門をその子会社に移転します。すると、親会社の利益が圧縮されるので、親会社の評価額は低くなります（新設子会社の株価は上昇します）。

また、分社化させておくことで、本体が財務的に行き詰っても、高収益部門だけを残して事業を続けることができます。

同じグループ内や親子関係であっても、別会社の負債を支払う義務はないため、親会社が破綻したとしても、子会社は親会社の借金等を支払う義務はありません（保証をしていない場合）。

◉分社化のメリット

- **親会社の株価は低く評価ができる。**
- **複数の後継者への事業承継が可能になる。**

・事業部門間の収支状況が明確になり高度な経営管理ができる。

・権限委譲による経営スピードの向上により組織の活性化になる。

・トラブル、事故発生時のリスク分散になりリスクマネジメントがしやすくなる。

◉分社化のデメリット

・承継をする事業をめぐる後継者の争いが起こる可能性がある。

・会社を分けることで事業間の連携が取りにくくなり経営面で不効率が生じる可能性がある。

・独立性の行き過ぎにより、グループの一体感が低下する可能性がある。

③従業員持株会を活用するスキーム

従業員持株会とは、**従業員の福利厚生のために設けられた民法上の組合**です。

従業員の自社株式取得にあたり、会社が拠出金の賃金控除、奨励金の支給などを行うことで、従業員の自社株式取得を容易にします。

高収益部門の分社化活用方法

①高収益部門を新設会社に移転

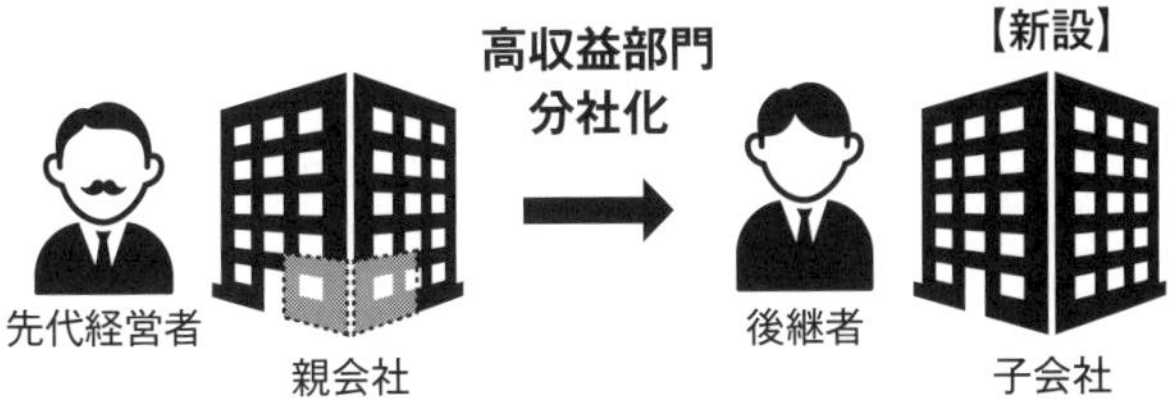

②株式の評価が変わる

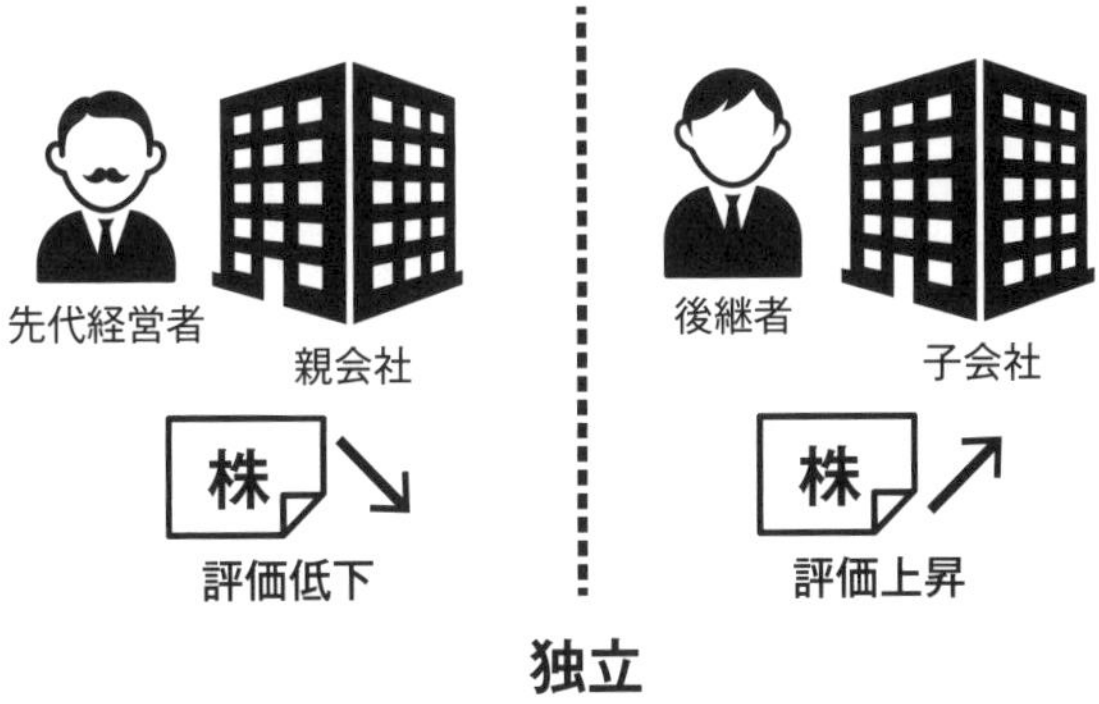

親会社を別の後継者に継がせることもできる！

従業員は、自社の株式を買い取って経営に参画し、一方で会社は、従業員に配当金を支払うことで、従業員の中長期的な資産形成を支援できます。

株主名簿には、従業員持株会の理事長の氏名が記載されますが、配当金は従業員それぞれに配分されます（会社→従業員持株会の口座→各会員というお金の流れ）。

一般的に、自社株式の評価額は、会社の規模によって類似業種比準価額方式、もしくは純資産価額方式で評価を行いますが（122ページ参照）、従業員持株会の場合は、配当還元方式で自社株式を評価します。配当還元方式の場合、**原則的評価方式より低い株価で購入できるので、従業員持株会の資金負担が軽くなります。**

◉従業員持株会のメリット

・自社株式の外部への流出（経営権の社外流出）を防げるため、会社の株主構成が安定する。

・従業員持株会は、他の評価方式による評価に比べて一般的に低い株価で購入できる。

従業員持株会の活用方法

①持株会を組成・資金を用意

②株式の一部譲渡

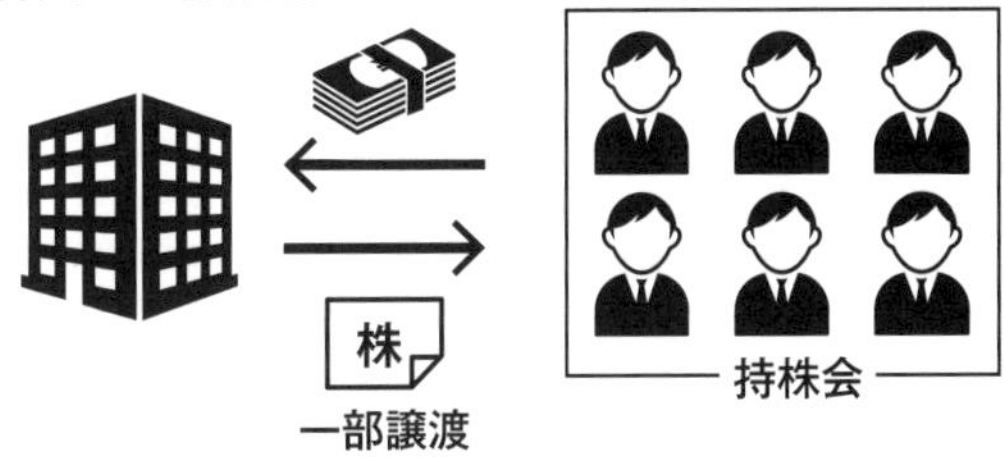

③先代の所有株式数が減少

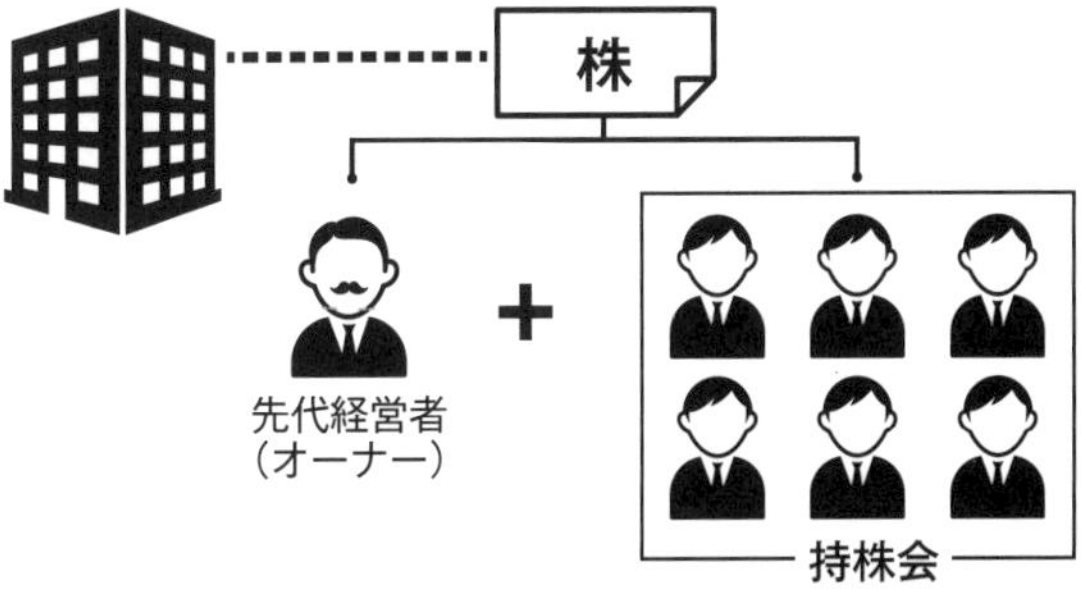

後継者に株を相続・贈与しやすくなる！

・従業員の安定した財産形成につながる。
・従業員に経営参加意識を持たせることができる。

◉従業員持株会のデメリット

・従業員持株会の会員になる従業員は、株式購入資金を用意しなければならない。
・会員資格を「管理職以上」に限定すると、管理職でない従業員のモチベーション低下を招きかねない。
・会社は自社株式を保有する従業員に決算報告を開示する必要がある。
・相次いで退会者が出た場合、退会者が所有していた株式の引受人を探さなければならない。引受人が見つからず、換金が集中すると、会社の資金繰りが悪化するおそれがある。

④ＭＢＯを活用するスキーム

ＭＢＯとは、「Management Buy-out」（マネジメント・バイ・アウト）の略称です。

会社の株式を「役員に譲渡」して、会社経営権を移転させることで事業を会社の役員たちに引き継がせる方法です。

M&Aとの違いは、M&Aの買い手が「部外者」であるのに対し、MBOは、「部内者」である経営陣（役員）であることです。

役員が、株式を買い取ることを目的とした受け皿会社を設立し、受け皿会社がファンドや金融機関、自己資金を利用して株式譲渡を行うのが一般的です。

MBOで事業承継する流れは次のようになります。

(1)後継者となる役員が、受け皿会社を設立する。
(2)受け皿会社が金融機関などから融資を受けて、株式の購入資金を調達する。
(3)受け皿会社が先代経営者に株式の購入代金を支払い、株式の譲渡を受ける。
(4)受け皿会社と対象企業が合併し、後継者の役員がその企業の経営者となる。

◉MBOのメリット

・親族内に後継者がいない場合でも、事業承継できる。
・会社の事情をよく知る役員が後継者となるため、事業承継が円滑に進む。
・受け皿会社を設立すれば、金融機関やファンドから融資や投資を受けやすくなるため、役員個人の負担が少ない。

◉MBOのデメリット

・最終的には受け皿会社が借入金の返済をすることになるため、受け皿会社に返済能力がない場合には、金融機関から融資を断られる可能性がある。
・融資を受ける際には、役員個人の連帯保証を求められる可能性が高い。
・役員（経営陣）の中に後継者候補が複数いる場合、「誰を後継者にするか」で、経営幹部内の争いが生じるおそれがある。

⑤投資ファンドを活用するスキーム

経済産業省発表によると、2015年頃までに、平均引退年齢70歳を超える中小企

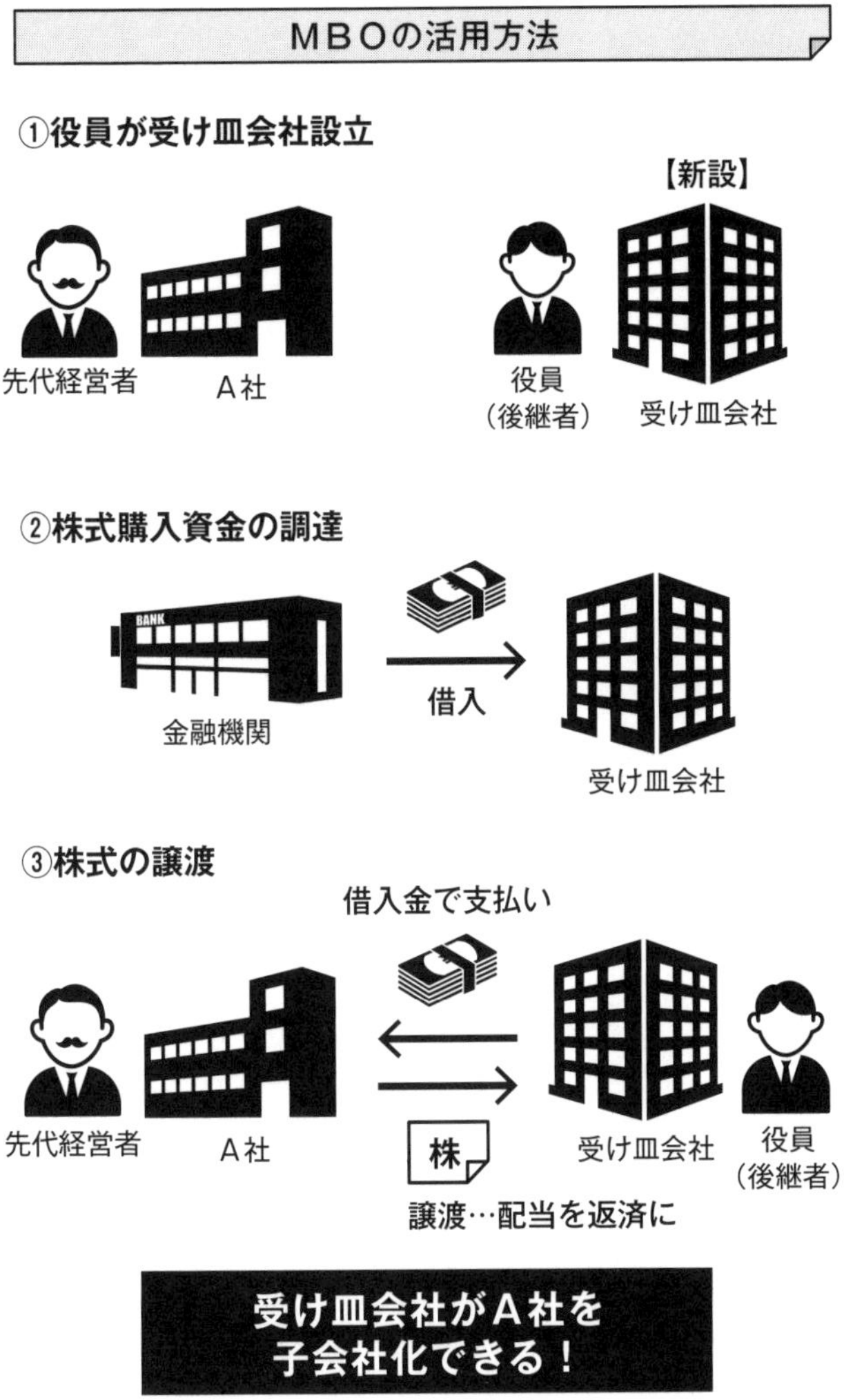
MBOの活用方法
①役員が受け皿会社設立
【新設】
先代経営者
A社
役員
（後継者）
受け皿会社
②株式購入資金の調達
BANK
金融機関
借入
受け皿会社
③株式の譲渡
借入金で支払い
先代経営者
A社
株
受け皿会社
役員
（後継者）
譲渡…配当を返済に
受け皿会社がA社を
子会社化できる！

業・小規模事業の経営者は約245万人となり、うち半数の127万人が後継者不在とされています。これは日本企業全体の約3割に相当します。

後継者不足により中小企業の廃業が急増すると、10年間の累計で約650万人の雇用、約22兆円のGDPが失われる可能性が示されており、事業承継問題は大きな社会的課題のひとつです。

親族内にも、親族外にも後継者が見当たらない場合、投資ファンドを活用して事業を存続させる方法もあります。

中小企業基盤整備機構が一部出資する「中小企業成長支援ファンド」や、日本政策投資銀行と日本M&Aセンターの折半出資で設立した「日本投資ファンド」など、投資ファンドを活用する事業承継が増えています。

「中小企業成長支援ファンド」は、2010年から運用がはじまり、2017年12月末時点で累計1720億円の投資を実行していますが、そのうちの6割近くが、事業承継案件です。

また、日本M&Aセンターが仲介してファンドに譲渡された企業は、2017年度

投資ファンドの活用方法

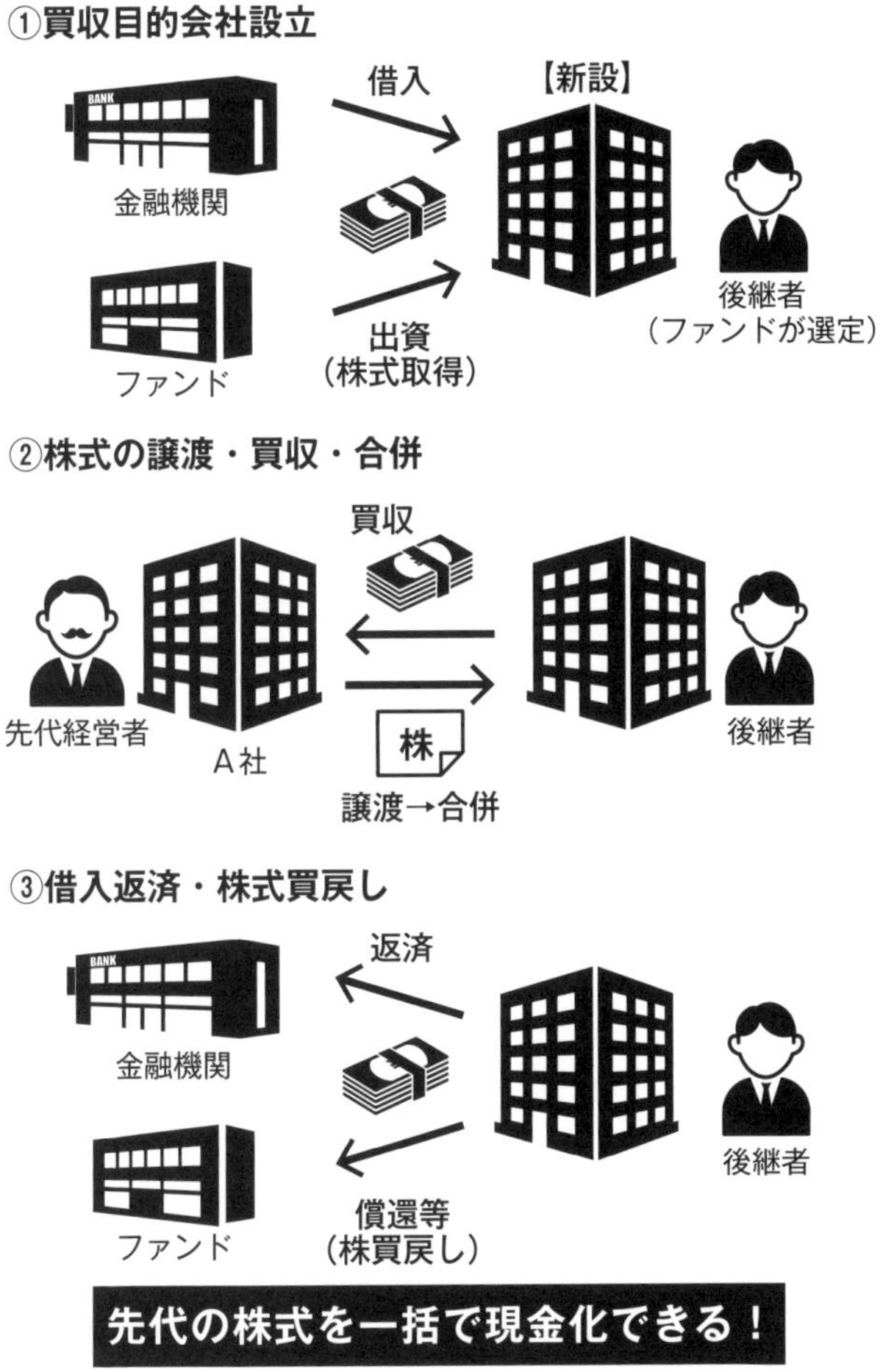

は前年度比2倍以上。譲渡希望企業は、9割以上が事業承継を目的としています（参照：『産経新聞』「経済インサイド」／2018年5月10日）。

◉投資ファンドのメリット

・事業承継のみならず会社のパートナーとして力を貸してくれるため、経営者の負担を軽減できる可能性がある。

・投資ファンドは、事業承継に関するノウハウを持っているため、社内に後継者がいる場合、会社を承継させるに足りる人材を据えることができる。

・社内に後継者がいない場合、ファンド運営会社のネットワークを通じて、後継者にふさわしい人材を見つけ出してくれる。

◉投資ファンドのデメリット

・支援をする会社（ファンド）の特性に左右されるため、ファンドの方針や運営者の背景をしっかりと見極める必要がある。

・「議決権の半数を握り、社長を送り込んでくるファンド」「会社の経営は既存の経営陣に委ねるファンド」などファンドにもいろいろあるため、「ファンドに対して、どこまで経営権を持たせるのか」を検討しておく必要がある。

・高い価格で株式を買い取ってもらったとしても、その後、経営権をとられてしまうリスクがある。

⑥中小企業投資育成株式会社を活用するスキーム

中小企業投資育成株式会社とは、「中小企業投資育成株式会社法」に基づいて設立された**公的な投資機関**です。中小企業の自己資本の充実と経済成長の支援を目的としています。

経済産業省の管理下にあるため、一般のベンチャーキャピタルのように出口戦略（いつ売るか）を追い求めることはせず、株式を長期保有してくれます。

中小企業投資育成株式会社に「第三者割当増資」をすると、発行済株式数が増加し、先代社長の持株比率が下がることで、自社株式の評価額を下げることができます。

◉中小企業投資育成株式会社のメリット

・公的機関が株主になるため、対外的な信用力が増す。
・増資によって資金調達をするため（融資ではない）、返済の必要がない。
・新株引受価額が従来の相続税評価額より低い場合、増資後の株価が下がるため、株式を移したあとの税負担が軽くなる。
・中小企業投資育成株式会社は原則的に経営に関与しない。

◉中小企業投資育成株式会社のデメリット

・原則として「新株発行」になるため、先代経営者が保有している株式を直接譲渡することはできない（ただし、金庫株を引き受けてもらうことはできる）。
・増資によって資本金が増えるため、法人税などの税負担が増す可能性がある。
・継続的に配当を期待される。

中小企業投資育成会社の活用方法

①投資育成会社による第三者割当増資

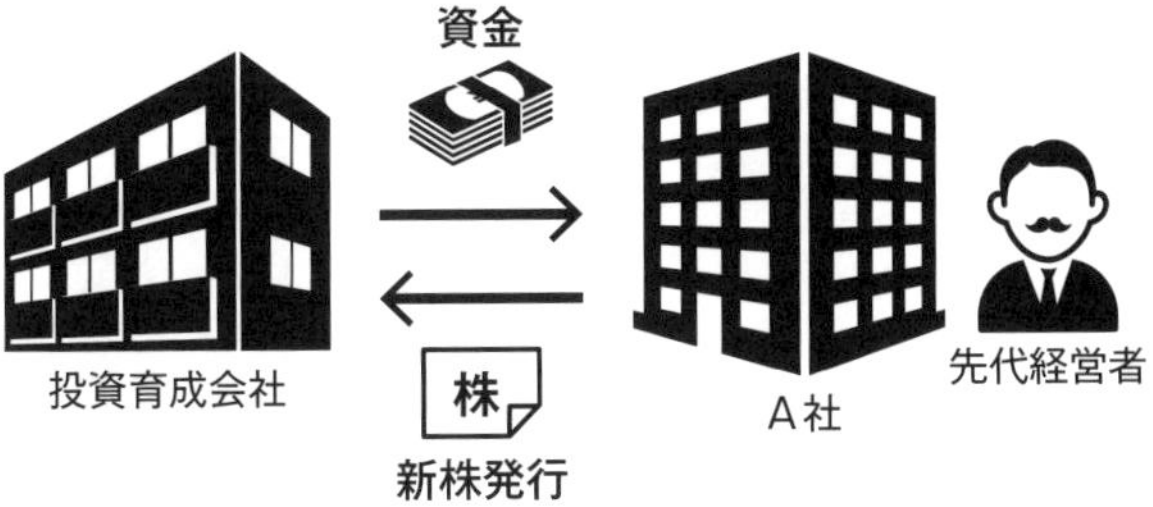

②後継者による承継

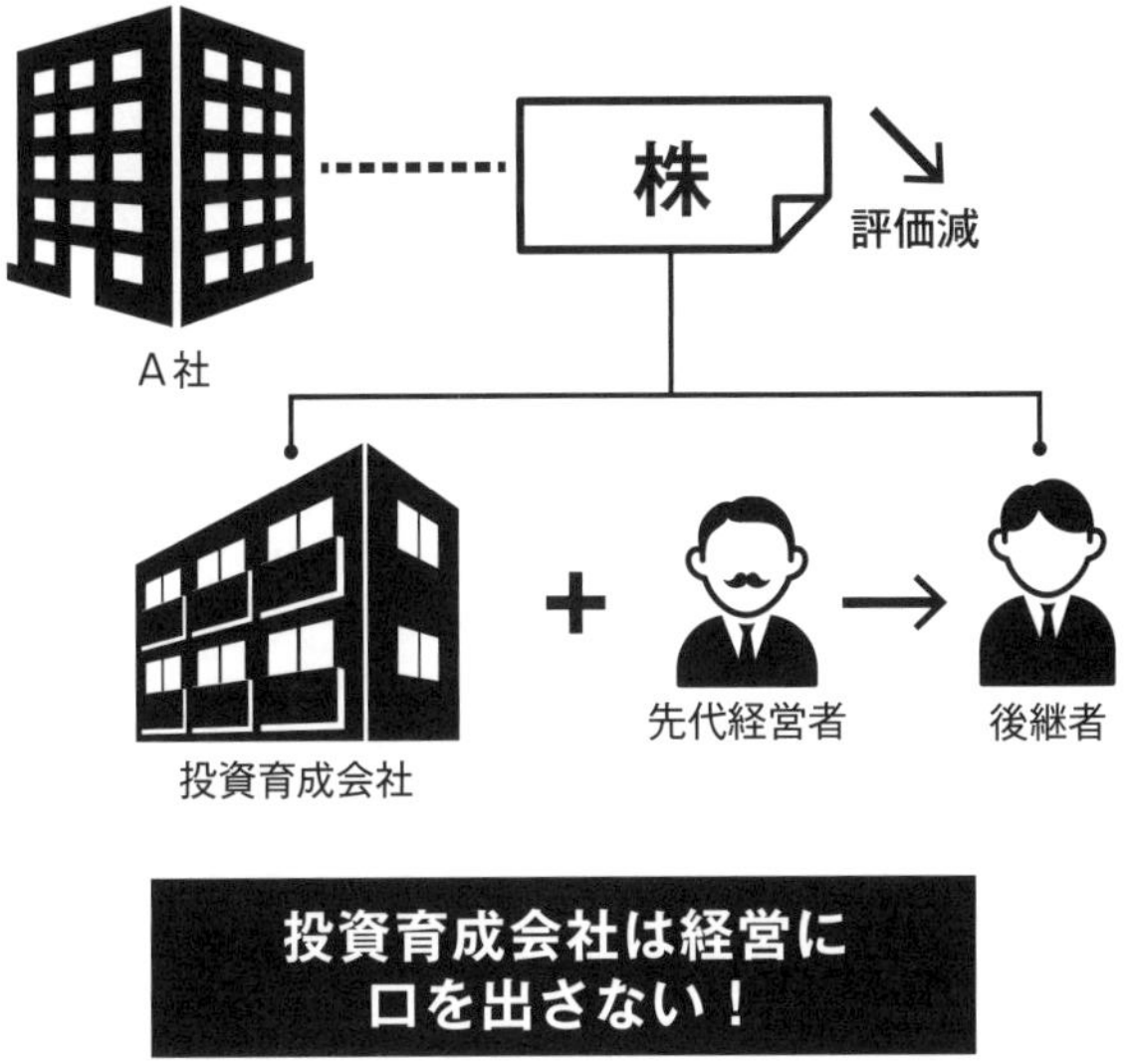

**投資育成会社は経営に
口を出さない！**

【ステップ④　争族回避】

「後継者」と「後継者以外」の争いを未然に防ぐ

■遺言書を作って、株式の分散を防ぐ

相続財産の分割をめぐって、親族間でトラブルになるケースが増えています。

遺産相続は、相続人全員の合意による遺産分割協議が必要ですが、話し合いがまとまらないと、**「争族」**になってしまいます。

事業承継では、後継者に株式を集中させるため、公平さにかける分配になりがちです。また、中小企業の事業承継は、自社株式というすぐには換金できない資産に価値がつくことから、「後継者」と「後継者以外の親族」との間で争いが起きることが少なくありません。

この争族対策の筆頭に挙げられるのが**「遺言書」**の作成です。

【遺言書が必要なケース】

①分割しにくい不動産がある

大きな財産が「自宅」の土地・建物くらいしかないときは、自宅を取得できなかった相続人から不満が出ます。

②事業用の財産や同族会社の株式がある

事業を経営している場合、その事業の財産を複数の相続人に分けてしまうと、経営の継続が困難になります。特定の相続人に事業承継をさせたい場合には、遺言書に記しておく必要があります。

③特定の人に特定の財産を指定したい

「同居して自分の面倒を見てくれた子どもには多く相続させたい」「長男には土地を

残し、それ以外の子どもには現金を残したい」といったように、家族関係の状況に応じて財産を分けたいときは、遺言書に記しておきます。

④夫婦の間に子どもがいない

夫婦間に子どもがおらず、親がすでに亡くなっている場合、兄弟姉妹が相続人になります。このとき、配偶者と兄弟姉妹は肉親ではないため、モメることになりがちです。

⑤相続する人がいない

相続人がいない場合は、遺産は国庫に帰属します。それを望まないときは、お世話になった人などに遺産を譲る旨の遺言書を作成しておく必要があります。

⑥先妻との間に子どもがいる

先妻の子と後妻との間では、遺産の取り分を主張する争いがよく起こります。争いを防ぐには、遺言書を残して、遺産の配分をはっきりさせておくことです。

遺言書には、おもに、**「自筆証書遺言」「秘密証書遺言」「公正証書遺言」**の3種類があります。

(1)自筆証書遺言…遺言者が自筆で書くもの（パソコンや代筆は原則無効）
(2)秘密証書遺言…「内容」を秘密にしたまま、遺言書の「存在」のみを公証人に証明してもらうもの
(3)公正証書遺言…公証人（公証役場）に作成してもらうもの

遺言者はいずれかの形式を選択することになります。

公正証書遺言以外の遺言は、遺言者の相続発生後家庭裁判所での検認が必要になるなど一手間あるため、「公正証書遺言」の形で遺言書を残すことをおすすめします。

遺言書があれば、法定相続人以外の人にも、財産を残すことができます。

しかし、遺言書の効力も100％ではありません。法定相続人には「遺留分」（一

定の相続人のために、法律上必ず残しておかなければならない遺産）が認められているからです。

兄弟が2人いて、父親が遺言書に「後継者は長男にするので、すべての自社株式は長男に譲る」と書き記したとしても、次男が「後継者は兄でいいが、自分も株はほしい」と遺留分の権利を主張すれば、次男にも自社株式を譲らなければなりません。そうなると、自社株式が分散して、経営の安定化が図れなくなります。

このような遺留分による株式の分散を防ぐために、後継者への相続財産の金額が多くなるように民法改正の特例が認められています。

それが**「除外合意」**と**「固定合意」**です。

・**除外合意**…遺留分対象の財産から、自社株式を除外することに推定相続人全員が合意すること。

3年以上事業を継続している中小企業において、後継者が会社の代表者であった者（先代経営者）から贈与等により株式を取得することが前提。

・**固定合意**…生前贈与された株式の全部または一部について、推定相続人全員の合意時の評価額で遺留分対象の財産に含めること。

株式の評価額を固定することにより、相続開始時までに株式の価値が上昇しても、遺留分の額が増大することがない。

「除外合意」と「固定合意」を使えば、他の兄弟から遺留分を請求されても、従来の遺留分より少ない額で済み、株式の分散を防ぎやすくなります。ただし「経済産業大臣の確認」および「家庭裁判所の許可」が必要です。

■「種類株式」を活用して、後継社長に経営権を集中させる

非公開の中小企業は、さまざまな種類の株式を発行することができます。これらを総称して**「種類株式」**と言います。

種類株主を発行すると、株主の権利を制限したり、強化したりすることができます。

経営の安定を図るためには、後継者に絶対的な議決権を与えておくことが必要です。

新株発行で種類株式を発行する場合は、株主総会の特別決議で行うことができますが、既存の株式を種類株式に変更する場合は、「全株主の合意」が必要です。

事業承継において使われる種類株式は、次の2つです。

①議決権制限株式

議決権制限株式は、株主総会の議決権の全部または一部が制限されている株式のことです。先代経営者が後継者に議決権のある株式を取得させ、それ以外の相続人に議決権制限株式を取得させれば、後継者に経営権を集中させることが可能です。

②拒否権付株式

株主総会における一定の決議事項については、必ず、拒否権付株式を有する株主の種類株主総会決議が必要になります。

わかりやすく言うと、株主総会で可決した事案であっても、拒否権付株式を持つ株主が「ノー」と言えば、拒否することができます。この株式は、別名「黄金株」と呼ばれています。

「後継者に株の大部分を譲渡するけれど、後継者の経営手腕に不安が残る」ような場合は、先代経営者が拒否権付株式を保有し、後継者に助言を与えることができます。

■信託を利用した事業承継方法

自社株式の移転には、生前贈与や遺言書だけではなく、**「信託」**を利用する方法があります。

信託とは、財産を持つ者（委託者）が、信託行為（信託契約や遺言）によって財産を託し、財産を託された者（受託者）は、定められた目的に従って、財産を管理・運用・処分し、その財産から生ずる利益を委託者から指定された者（受益者）に与えることです。

信託では、株式の運用を委託する人、運用を引き受ける人、これによって利益を得る人の3者が登場します。

信託契約によって受託者が利益を得るものを**「商業信託」**、受託者が利益を得ないものを**「民事信託」**と言います。投資信託等は商業信託となりますが、民事信託は事業承継にも活用することができます。

たとえば、先代経営者（委託者）が自社株式に対して信託を設定し、経営者自身が受託者となれば（委託者＝受託者）、先代経営者が自ら財産を管理できます。

そして、議決権は自分に残したまま、財産的価値である信託受益権を後継者に取得させれば、生前贈与の代用にすることができます（子どもが若く、全株式を渡すことに不安がある場合は、先代経営者が引き続き経営権を行使し、将来、子どもにバトンタッチするときに信託を終了させることもできる）。

また、先代経営者が亡くなった場合には、後継者が自社株式の名義人になるよう取り決めておくことができます。

信託の活用方法

①株式に信託を設定し、自身が受託者に

②信託受益権を後継者が取得

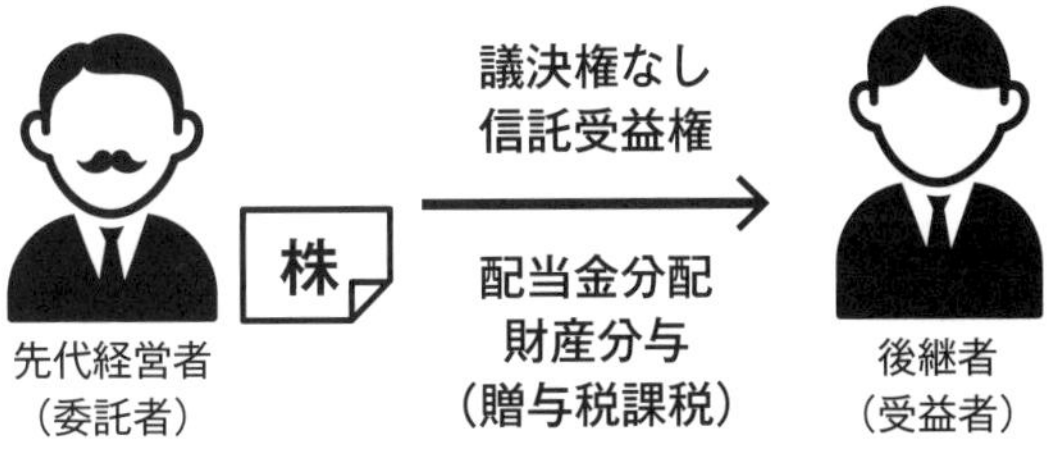

財産権を移転しつつ、議決権は
引き続き行使できる！

【ステップ⑤　相続税の節税対策】

事業承継の相続税の負担が軽減される特例がある

■事業承継時に支払う税金が少なくなる対策を講じる

非上場会社の株式を後継者に相続する場合、相続税が課税されることになるため、早めの対策が必要です。

◉金庫株を使った相続税の節税対策

先代経営者が亡くなり、後継者が株式を相続すると、相続税の納税資金に苦慮することがあります。そんなときは、後継者が相続した自社株式を金庫株（44ページ）として会社（株式を発行する会社）に売却すれば、相続税の納税資金を調達することも可能です。

相続により取得した自社株式を一定期間内に発行会社に買い取らせる場合、みなし配当課税（最高税率55％）ではなく、「株式譲渡益課税」となりますので、**「一律20％（所得税15％＋住民税5％）の税率」で課税**されます。

さらに「相続財産を譲渡した場合の譲渡所得の取得費加算の特例」の適用が可能となるため、相続税の申告期限から3年以内に、相続により取得した自社株式を金庫株として買い取ってもらうと、節税対策になります（払った相続税を経費として使えるので譲渡益を少なくでき、結果、譲渡所得税が少なくなる）。

- **みなし配当**……株主が会社から配当金を受け取っていないにもかかわらず、受け取ったとみなされてしまう配当のこと。

◉事業承継税制を使った納税猶予

第2章で説明した「事業承継税制」を活用すれば、相続税と贈与税を大幅に軽減（特例事業承継税制ならゼロ）できます。

事業承継税制は、後継者が、非上場会社の株式を相続または贈与により取得した場合において、一定の要件のもと、相続税・贈与税を猶予し、後継者の死亡等により、納税猶予されている相続税・贈与税の納付が免除される制度です。事業承継税制を使った具体的なスキームについては、第2章を参照してください。

会社への貸付金は、事業承継前に放棄するのが正しい

■貸付金を放棄しないと、相続税が高くなる

中小企業の場合、社長が自分のお金を会社に貸し付けることがあります。このとき、会社の帳簿には、債務として**「役員借入金」**（お金を貸す社長側から見ると、会社への貸付金）が残ります。仮に、役員借入金が残った状態で相続が発生した場合、役員借入金は先代経営者の相続財産とみなされます。

先代社長が会社に1億円を貸していて、そのお金を回収する前に相続が発生すると、1億円は自分の手元にないのに、「1億円を持っている」とみなされ、相続の課税対象になるのです。もし、先代社長が会社にお金を貸していて、しかも、回収の見込み

がないのなら、相続前に貸付金を清算したほうがいいでしょう。清算方法は、おもに2つあります。

【役員借入金の清算方法】

①債務免除をして、貸付金を放棄する

債務免除とは、**会社に貸している貸付金を放棄すること**です。貸したお金は戻ってきませんが、返済の見込みがないお金に相続税が課税されることを考えると、放棄したほうが有利な場合があります（免除する場合は条件や法人税があるので、専門家に相談してください）。

②役員借入金を資本金に振り替える

貸付金は**会社の資本金に振り替える（貸付金を自社株式にする）こと**ができます。会社は、借入金を返済しなくてもよいかわりに、先代経営者に株を発行するのです。この方法を、「デット・エクイティ・スワップ（DES）」と言います。

会社への貸付金（役員借入金）の清算方法

①債務免除をして貸付金を放棄する

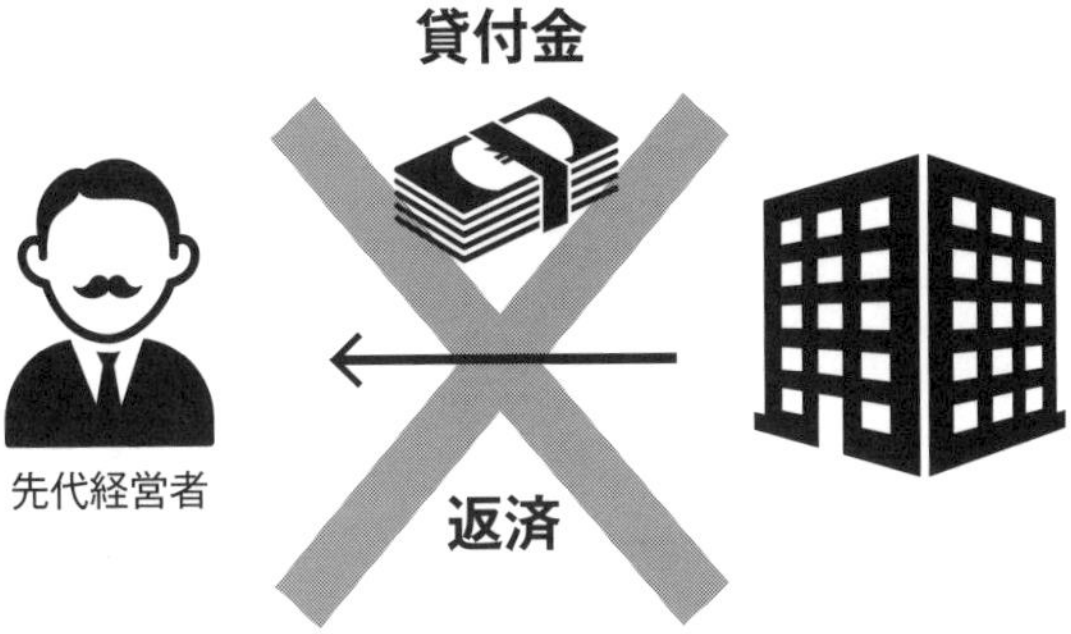

②貸付金を資本金に振り替える（DES）

専門家への事前の相談が不可欠

この方法なら、貸付金は株へ転換するため、株式として評価されます。会社が債務超過である場合には、株の評価自体が「ゼロ」であることが多いため、相続税を計算するときに、評価額（社長の財産の評価額）を引き下げることができます。

ＤＥＳについても、法人税の債務免除益が発生して課税が生じる可能性があるため、実行前は、必ず専門家に相談をするようにしてください。

次章からは、具体的な事例を通して、成功する事業承継のポイントを見ていくことにいたしましょう。まずは、ランドマーク税理士法人をはじめ中小企業の７００社以上の経営コンサルティングを行っている株式会社武蔵野の小山昇社長の指導を受けた５社の事例をご紹介します。

第4章

【実名事例】わが社はこうやって事業承継を行った

モデルケース 1 | 株式会社ダスキン山口

先代→自分→後継者(子ども)、3代にわたる事業承継計画を立案

代表取締役社長　岩本恭子

事業内容　クリーンサービス事業／ケアサービス・シニアケアサービス事業／フードサービス事業／ビルメンテナンス・ビル管理事業

本社所在地　山口県宇部市

岩本恭子社長は、「株式会社ダスキン山口」のほかに、関連会社である「山陽ビル管理株式会社」の社長も兼任しています。

もともとこの2社は「別会社」でしたが、先代経営者（岩本社長の父親で、現在は、ダスキン山口と山陽ビル管理の代表取締役会長）から事業承継をする際、山陽ビル管理をダスキン山口の親会社にして、株式の移転を行っています。

ダスキン山口では、次の「3つの段階」を踏んで長期的に事業承継を進めています。

◉第1段階（約8年前から事業承継に取り組む）

……山陽ビル管理をダスキン山口の親会社として位置付け、父親が持っているダスキン山口の株を山陽ビル管理が買い取る（父親や親戚数人名義の名義株は、贈与税非課税枠を使って数年かけて岩本社長に贈与する）。

父親が持っていた山陽ビル管理の株は、「会社が赤字のとき（株価が下がったとき）」に、岩本社長が買い取る。

◉第2段階（2017年頃）

……ダスキン山口と山陽ビル管理から、父親に退職金を支払う（退職金の原資は数年かけて準備）。

退職金を払ったことで、ダスキン山口の株価が下がった（ゼロ円）ため、岩本社長が保有していたダスキン山口の株をすべて山陽ビル管理に譲渡する。

ダスキン山口は、山陽ビル管理の100％子会社になる（岩本社長は、山陽ビル管理の株式の3分の2以上を保有）。

◉第3段階（2019年以降の予定）

……今後の計画として、山陽ビル管理の株式を保有する持株会社を設立する。持株会社の株式は息子（現在は高校生）に移転させ、岩本社長は黄金株（拒否権を行使できる株式）を持つ予定。

ダスキン山口の事業承継対策

①父親のダスキン山口と山陽ビル管理の株を買い取る

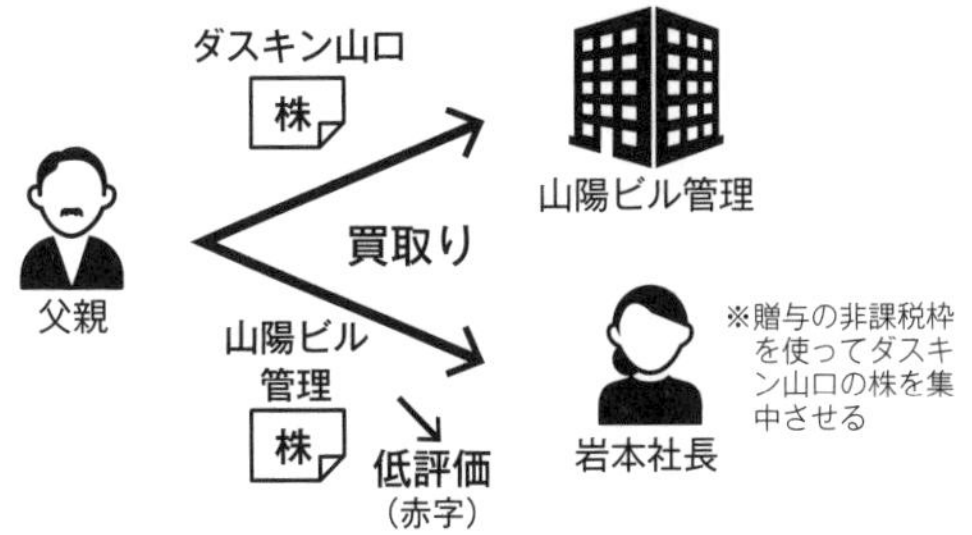

②退職金を支払い、ダスキン山口の株価を下げ譲渡

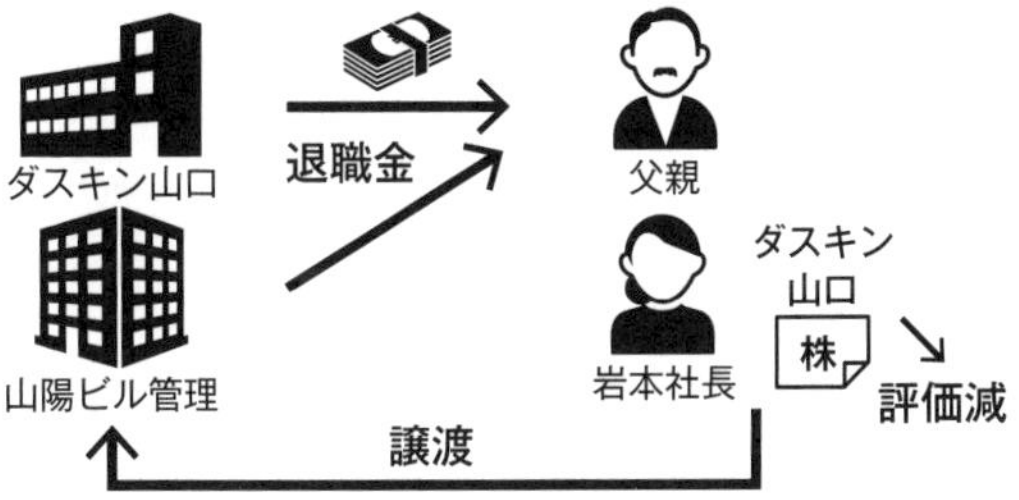

③ダスキン山口が山陽ビル管理の100%子会社に

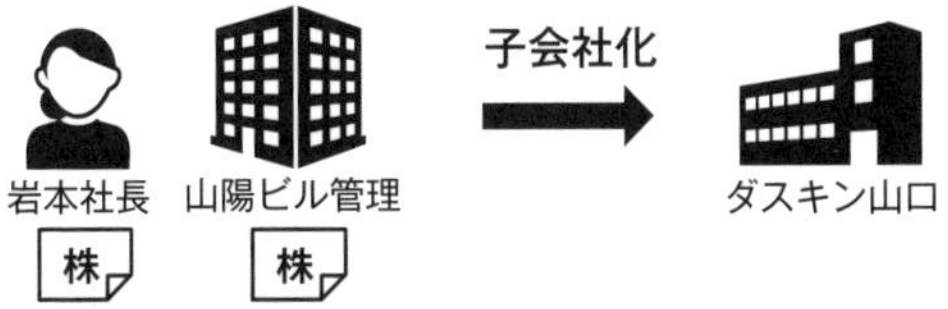

次の承継のために
山陽ビル管理の持株会社を設立予定

「実際に事業承継を終えてみて思うのは、**譲る側（父親）と、譲られる側（岩本社長）の間に、感情的な温度差があった**ことです。父親は創業者なので、後継者が娘といえども、すべての株式を手放すことに寂しさがあったのでしょう。

事業承継は、株価対策や退職金の準備、父親の感情なども含め、『思い立ってもすぐにはできない』ものですから、10年近く時間をかけたからこそ、スムーズに経営権と財産権を移すことができたと思います。

ダスキン山口は、株式会社武蔵野の小山昇社長の経営指導を受けています。小山社長からは、『岩本さんのお子さんは**まだ高校生でも、山陽ビル管理の株価が今後上がることを考えれば、早めに、持株会社をつくったほうがいい**』とアドバイスをいただいているので、実際の事業承継はまだ先でも、山陽ビル管理の株式を保有する持株会社を早めに設立する予定です」（岩本恭子社長）

【モデルケース 2】アポロ管財株式会社

資産管理会社を設立し、対象会社の株式を買い取る

代表取締役社長　橋本真紀夫
事業内容　清掃サービス／設備保守サービス／環境衛生サービス／ラウンドリビングサービス
本社所在地　東京都狛江市

アポロ管財は、「資産管理会社を設立する」スキームを使って、2010年には事業承継を完了させています。

橋本社長は、資本金1000万円で資産管理会社を設立し、先代経営者（橋本社長の父親で、現在は、アポロ管財の代表取締役会長）が保有していたアポロ管財の株式のほぼすべてを買い取っています（アポロ管財から、資産管理会社が融資を受けて買い取っている）。

アポロ管財の資本金は3000万円で、譲渡した当時は赤字だったこともあり、1株あたりの買取価格は500円でした。

「自社株式は幸いにもあまり分散していなかったため、一部を除き、個人間での譲渡は発生していません。アポロ管財の株式は父がほとんど保有していたので、非常にラッキーだったと思います」（橋本真紀夫社長）

現在の持ち株比率は、

アポロ管財の事業承継対策

①アポロ管財が資産管理会社に融資

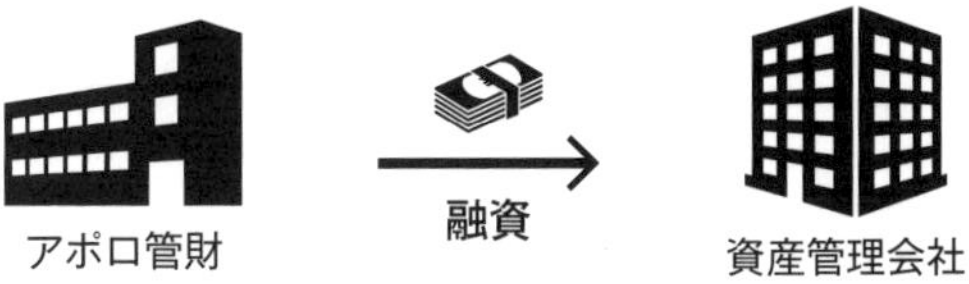

②アポロ管財が赤字のとき、資産管理会社が株を買取り

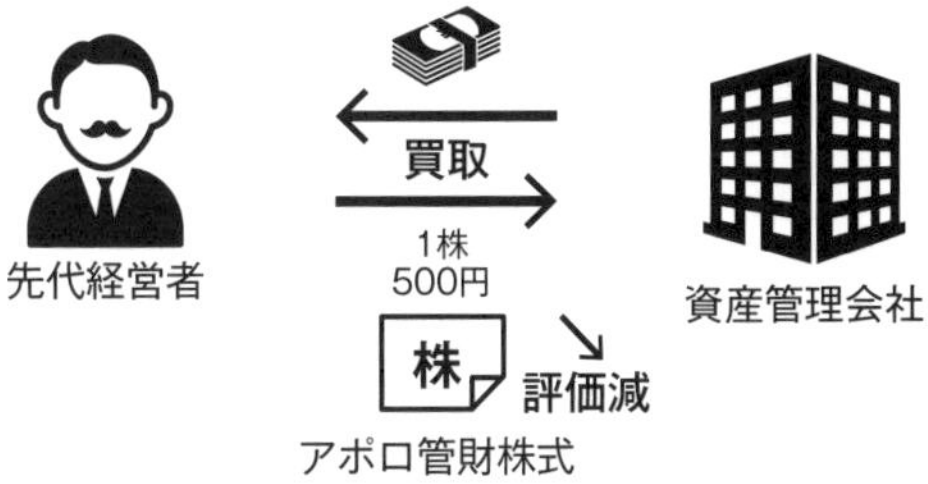

③資産管理会社がアポロ管財の80%株式を保有

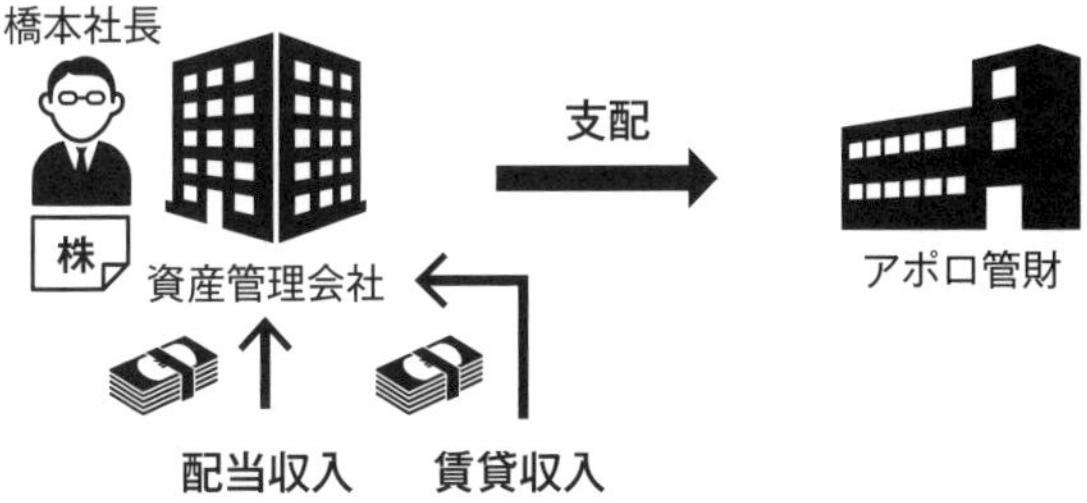

橋本社長は資産管理会社の
100%株式を保有！

「資産管理会社80％、父親6・67％、母親6・67％、橋本社長6・67％」です。**資産管理会社の株式は、橋本社長が100％保有**しています。

資産管理会社は、不動産賃貸業をごく小規模に展開し、賃貸収入とアポロ管財の株式配当（10％）で回しています。

モデルケース 3　梅田工業株式会社

「種類株式」を発行して、議決権を後継者に集約させる

代表取締役社長 梅田英鑑

事業内容 半導体製造装置・計測器等機構部品製造／精密板金／機械加工／コンピュータシステム開発

本社所在地 埼玉県行田市

梅田工業株式会社は、現在、事業承継を進めている最中です。

経営を行っている梅田英鑑社長に株式が集約されていないという問題がありました。大株主（筆頭株主）が父親（会長）、次に株式を多く保有していたのが次男、梅田社長の持株数は3番目です。

梅田工業株式会社は、株式会社武蔵野の経営サポートパートナー会員（小山昇社長のコンサルティングを受けている会員）です。

入会前に、梅田社長は会長と一緒に、小山社長の面談を受けたのですが、その際に小山社長から、**「株を梅田社長に集約して、実質的な経営権を与える」**ことを入会の条件として提示されています。社長が議決権を行使できないと、経営が安定しないからです。

梅田工業株式会社は、かねてから「会社分割」をして、経営権を分割していました。

「会社分割」とは、事業を切り離して、その事業を別の会社に移すことです。

梅田社長は4人兄弟姉妹で、4人がそれぞれ、関連会社にて経営に参画しています。

そして兄弟姉妹全員がそれぞれに会社の株式を持ち合っているため、現在、梅田社長が経営権を発揮するためのベストな方法を模索している段階です。

・1番目　長女……梅田工業の「機械加工、切削加工」の事業部門を長女の夫が社長を務める会社に分割。

・2番目　次女……梅田工業は、次女の夫が社長を務める会社の生産管理システムを導入しているため、毎月、保守メンテナンス料をその会社に支払う。次女は、梅田工業の株式を10％保有。

・3番目　長男（梅田社長）……会長が保有している株式は、将来的に梅田社長に譲渡。今後は種類株を発行して、梅田社長が実質経営権（議決権）を得るようにする。無議決権株式であれば、梅田社長以外の兄弟姉妹は議決権を持たないが、配当は得られる。

・4番目　次男……インドネシアで「UMEDA FACTORY INDONESIA」を経営。梅田工業が持っていた「UMEDA FACTORY INDONESIA」の株は、次男に売却。

「相続に関しては会長の思惑が色濃くあり、また、兄弟姉妹同士の関係性も考慮しなければならなかったため、経営サポートパートナー会員になる前は、会長に任せきりの状態でした。ですが、小山社長との面談後は、事業承継問題に対して、私と会長が落ち着いて話し合いができるようになったと思います。

なんといっても、私自身が**『実質的な経営者として、どうすれば株式を集約できるか』を考えるようになったことが、解決に向けた大きな前進**と言えます。

弊社の経営権を分割し、兄弟姉妹に割り振っているため、すぐに株を移動するのは難しい状況ですが、まず2年後を目安に議決権の集約を終わらせたいと思っています」

（梅田英鑑社長）

梅田工業の事業承継対策

【現状】兄弟姉妹がそれぞれの株式を持ち合っている

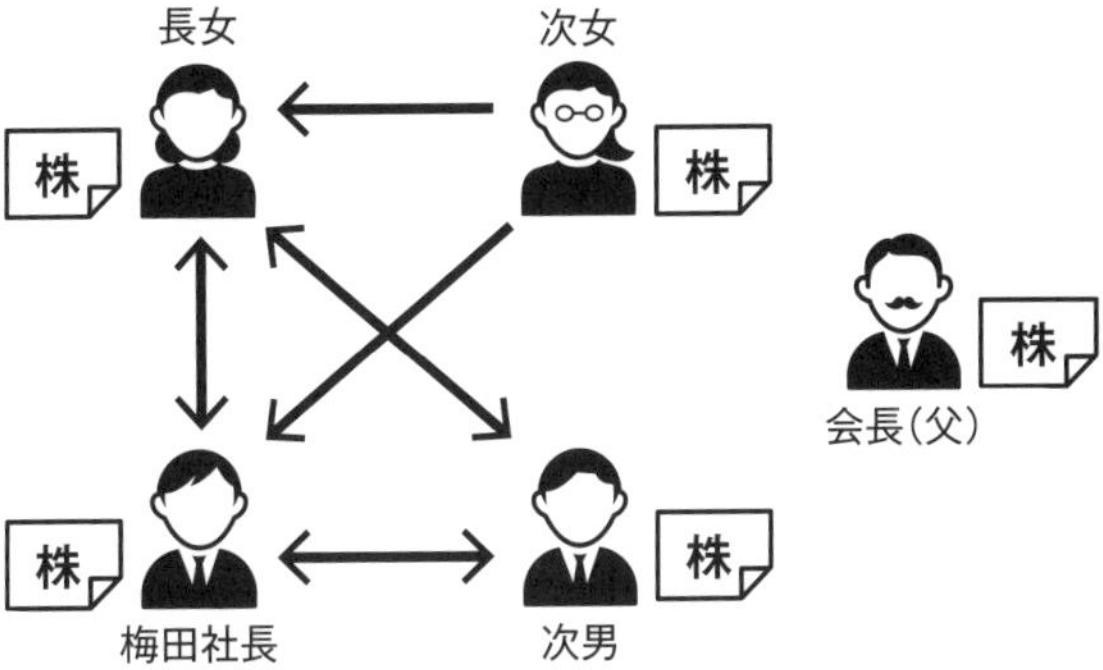

①まずは兄弟姉妹が持つ梅田工業の株式を種類株に変更

②最終的に会長の株を梅田社長に譲渡

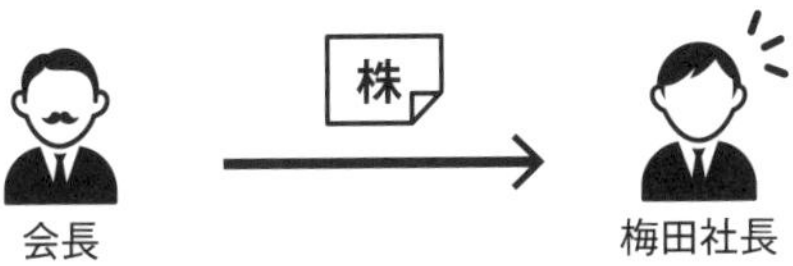

梅田社長が梅田工業の
実質的経営者になる！

［モデルケース 4］ 株式会社小田島組

父親に「高い金額」を提示して、株式を譲渡してもらった理由とは？

代表取締役社長 小田島直樹

事業内容 公共事業（道路改良工事、舗装工事、防潮堤工事）／ＩＴ関連事業（位置情報とＩＴ技術を組み合わせたソリューションサービスの提供）

本社所在地 岩手県北上市

かつて、小田島組の小田島社長は、経営者として手腕を発揮し、数字を上げているにもかかわらず、先代経営者（小田島組の創業者で、小田島社長の父親）から、なかなか株式を譲ってもらえなかったそうです。

「それ以前に、会社が赤字だったとき、父から額面で株式を売ってもらったことがあるんです。ですから父は、『会社の業績にともなって株価も上がっているのに、また息子に額面で譲らなければいけないのか』と思ったのでしょう。父の言い分は、こうでした。『今は会社がうまくいっているけれど、俺は父親として、最後までおまえのことを見守る義務がある。俺が死ねばいずれ株はおまえのものになるのだから、俺は目付け役として、このまま株を持つことにする』」（小田島直樹社長）

小田島社長は、武蔵野の小山昇社長に**「父が持っている株をなんとか安く手に入れたい」**と相談しました。すると小山社長から、

「バカ！　親不孝もの！　今の小田島社長があるのは、誰のおかげだと思っている？父親に感謝の気持ちを示して、高い金額で買い取りなさい」

と一喝されます。

そして、小山社長のアドバイスに従って、

「『この価格で買わせてください』と、額面ではなく、実態（自社株式の評価額）に近い金額を書いた紙を父の机の上に置いた」そうです。

翌朝、父親は、小田島社長にこう言いました。

「俺もいい息子を持った。株を売る」

「株の代金を払ったときに、『ありがとう』と言われました。あとにも先にも、父親に『ありがとう』と言われたのは、そのときだけです」（小田島直樹社長）

その後、小田島社長は、父親に払った株式の購入代金の一部を会社に貸し付けてもらい、父親には利子だけ「先払い」しています（年利2％で計算）。

株式譲渡の2年後に、父親は他界し、小田島社長は遺留分のみを相続しています。

「父親の財産は、母と私、弟たちで分割しました（兄弟は4人）。私の弟たちは、自分が受け取った財産の原資が、私が父に払ったお金（株式の購入代金）だということを知りません。そのことを知ったら、今度は弟たちが、『アニキ、ありがとう』と言ってくるかもしれませんね（笑）。私もいずれ、自分の子どもを後継者にすると思いますが、そのときは贈与ではなくて、『俺から、この金額で買え』と金額を提示しようと思っています（笑）」（小田島直樹社長）

小田島社長の長男は、武蔵野に2018年4月に26人の仲間と入社。小山社長によると、何事にも貪欲に頑張っている期待の星だそうです。

モデルケース 05　株式会社マイプレジャー

後継者が決まっていなくても、対策を打っておく

代表取締役社長　河内優一

事業内容　NTT情報機器販売事業／防犯カメラ事業／情報機器サポート事業

本社所在地　三重県四日市市

「株式会社マイプレジャー」の創業者は、現代表の河内社長です。まだ後継者は決まっていませんが、武蔵野の小山昇社長から、

「相続対策は10年かかるから、後継者が決まっていなくても、早くからはじめるのが得策である」

とアドバイスを受け、2年前に株式移転による持株会社を設立しました。

持株会社を設立すれば、河内社長がマイプレジャーの株式を直接保有している場合に比べて、自社株式の評価額は大きく引き下げられます。

河内社長は、持株会社のメリットとして、次の「3つ」を挙げています。

①事業会社と持株会社に分けることで、M&Aも可能

……親族が事業を継ぐのかどうかが不透明な場合は、事業会社を切り離すM&A等も選択肢に入れることができる。

たとえば、事業会社で使う固定資産（不動産など）を持株会社が保有すれば、事業会社をM&Aをしたあとでも賃料収入を確保できる。

②経営と資本の分離が図りやすい

……事業会社を見込みのある社員に任せたとしても、持株会社をハンドリングすれば、実権を確保できる。

③株価の値上がり分に対して恩典がある

……マイプレジャーの業績が伸び続けた場合に、マイプレジャーの株価は上昇する。マイプレジャーの株式は、持株会社に保有されているので、マイプレジャーの株価上昇は、持株会社の「含み益」となる。純資産価額方式による算定では、含み益の37%（法人税相当額）を控除できるため、株式評価額を引き下げることができる。

マイプレジャーの事業承継対策

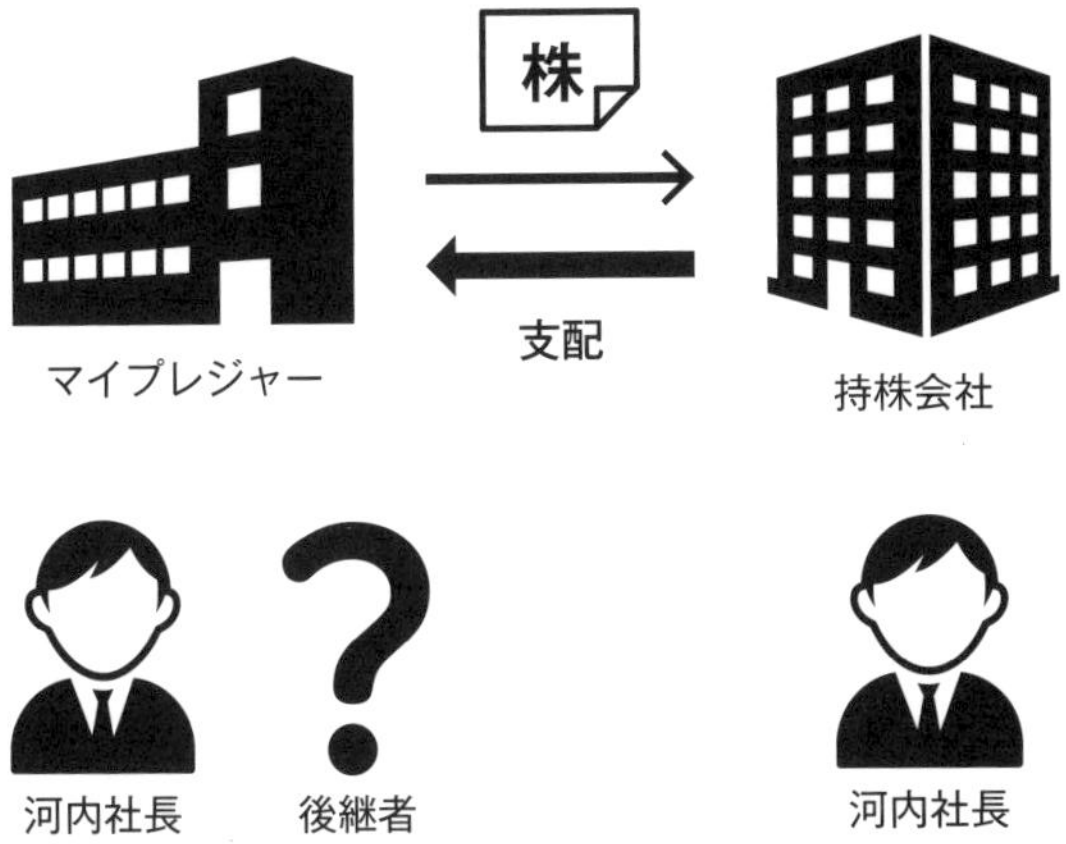

持株会社設立のメリット

①将来的にM&Aの選択肢も持てる
②経営と資本の分離がしやすい
③事業会社のままでは好業績＝高評価となるのを持株会社の評価により株価を下げられる

後継者が決まっていなくても設立のメリットは大きい！

第5章

【相談事例】
事業承継の課題
こうやって解決します

事業承継は、百社百様

この章では、ランドマーク税理士法人に持ち込まれた事業承継の相談案件についてご紹介します。

事業承継のスキームは、会社の規模、会社の経営状況、株主構成、家族構成、先代経営者の考え方、先代経営者の財産額、後継者の有無などによって変わるため、まさに百人百様、百社百様です。したがって、１社ごとの状況を精査しながら、オーダーメイドで事業承継の最適解を提案する必要があります。

【相談ケース―1】

今の会社を後継者に継がせるか、それとも、高収益部門を切り離して新会社を設立し、そちらを継がせるか？

相談内容

……「音響機器を販売するA社を経営しています。社長は私で、社員は私の息子と、息子の友人の2名です。ネット販売は好調なものの、店舗販売は頭打ちであり、不良在庫も抱えています。会社を息子に継がせたいと思っていますが、今の状態で会社を継がせるのか、いったん会社を畳み、『ネット販売』だけを行う会社を新規に立ち上げて息子を社長に据えるか、迷っています。

また、A社には、名義株（株主名簿上の株主と出資金の払い込みをした人が一致していない株式）がありますが、名義人3名と連絡が取れない状況です」

アドバイス

……「ネット販売」の新会社を立ち上げるのではなく、既存の会社を息子さんに引き継ぐことを提案しました。

A社はすでに認知度も高く、また、金融機関との信頼関係も築けていたので（借入れと返済の実績が積み上がっている）、新しく会社を設立するよりも経営の安定化が図りやすいと判断しました。

事業承継にあたっては、「不良在庫の処分」や「役員退職金の支給」などで、自社株式の評価額を下げ、数年かけて（3年を目安）、自社株式を息子に贈与する計画です。

ちなみに、**名義株は、「株主に対して5年以上継続して通知・催告が到達していない」「5年以上継続して余剰金の配当が受領されていない」など、一定の要件を満たす場合には「所在不明株式」として処分する（売却する）ことが可能**です。

売却代金は会社が預かることになります。買取人がいない場合には、金庫株として会社が取得することが認められています。

【ケース1】事業承継のポイント

①株式の評価額を下げる

不良在庫処分

役員退職金支給

②後継者に贈与

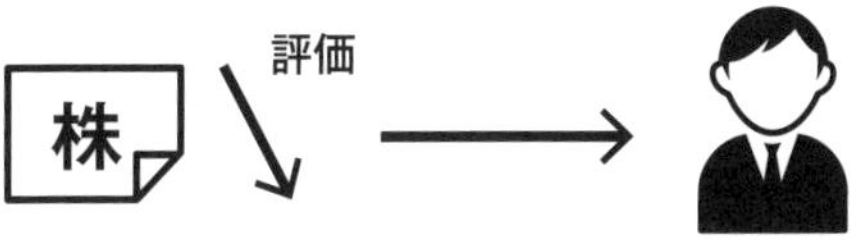

③名義株は金庫株などにして処分

新会社設立は不要！

『相談ケース―2』

業績は好調だが、親族内にも親族外にも後継者がいない

相談内容

……「自社株式は、私（社長）と妻、長女で3分の1ずつ保有しています。妻は経営には携わっていませんが、長女は経理担当として働いています。子どもは他に次女がいて、監査役として参画していますが、株式は保有していません。

事業は好調で、金融機関からの借り入れもないのですが（無借金）、長女も次女も会社を継ぐつもりはないため、力のある役員を後継者に据えるつもりでいましたが、残念なことに、病気で亡くなってしまいました。この先も事業を継続するには、どうすればいいでしょうか」

アドバイス

……親族内にも、親族外にも後継者候補が見当たらない場合は、「M&A」が現実的です。業績も堅調で、なおかつ無借金であれば、買い手は見つかりやすいと思います。

会社の売却に関する検討は、基本的には、経営者やごく一部の幹部のみで秘密裏に行う必要があります。

会社売却の噂が漏れてしまうと、社員のモチベーションが下がったり、取引先からもあらぬ邪推を受ける場合があります。**M&Aが成立するまでは、きちんと情報管理を行うこと**が大切です。

【ケース2】事業承継のポイント

■業績好調なのに後継者が不在

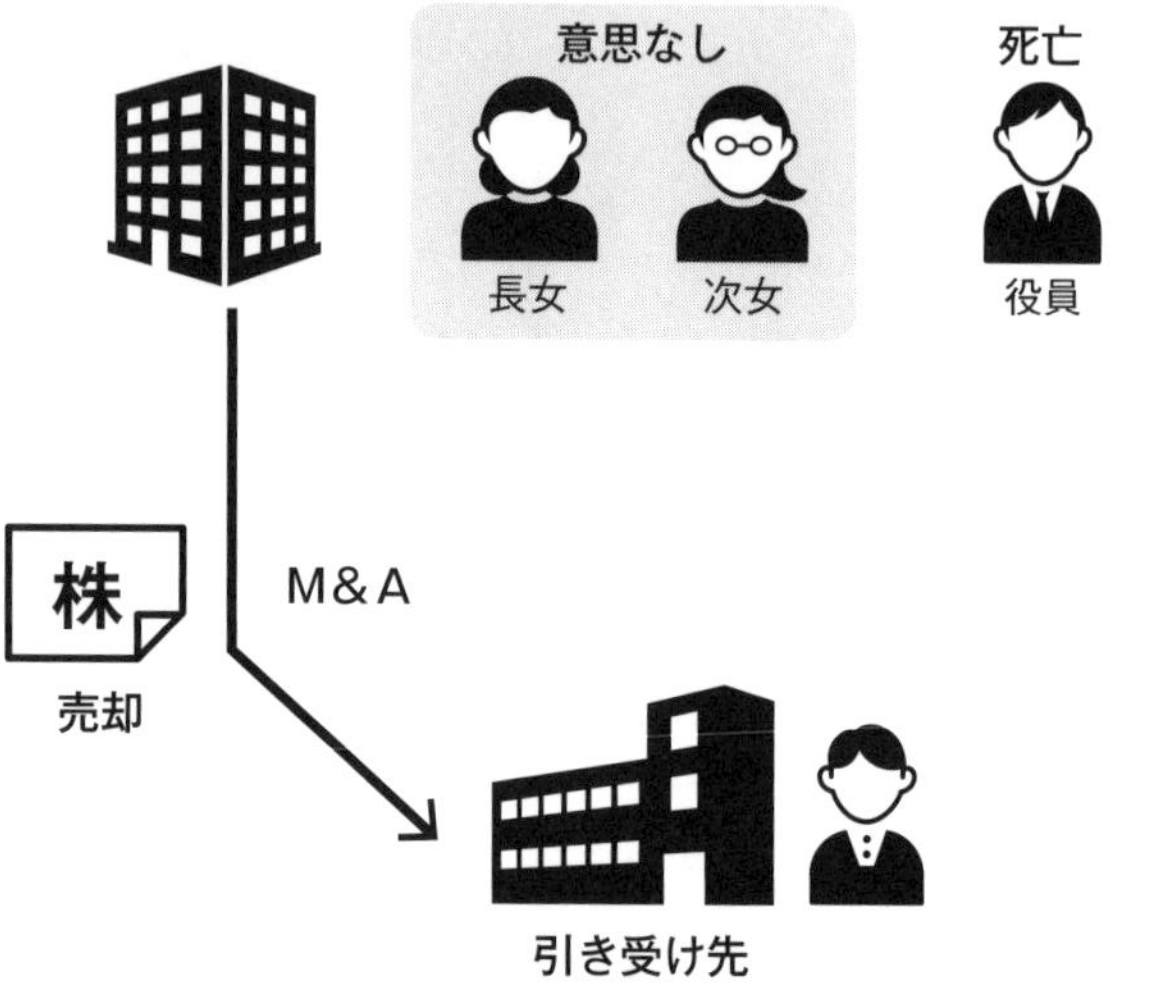

M＆Aを検討・実施するときは秘密裏に行うこと

『相談ケース｜3』

社長の株式シェアが低い。どうやって社長に株式を集約させたらいいか？

相談内容

……「先代経営者から会社を引き継ぎ、社長に就任。経営を任されているものの、自社株式が分散していて、私の株式保有率は30％しかありません。残りの株式は、父親、母親、弟が保有しています。どうやって私の保有率を上げればいいでしょうか」

アドバイス

……父親と母親が持っている自社株式については、特例事業承継税制の「贈与税の納税猶予」を活用して、相談者の現社長に贈与します。

また、ヒアリングしていくとすでに「持株会社を持っている」とのことでしたので、弟が保有している自社株式については、持株会社が買い取るように提案しました（父親と母親に役員退職金を支給し、株価が下がったところで、弟から自社株式を買い取る）。

【ケース3】事業承継のポイント

①特例事業承継税制を活用して税金ゼロで取得する

②役員退職金を支払う

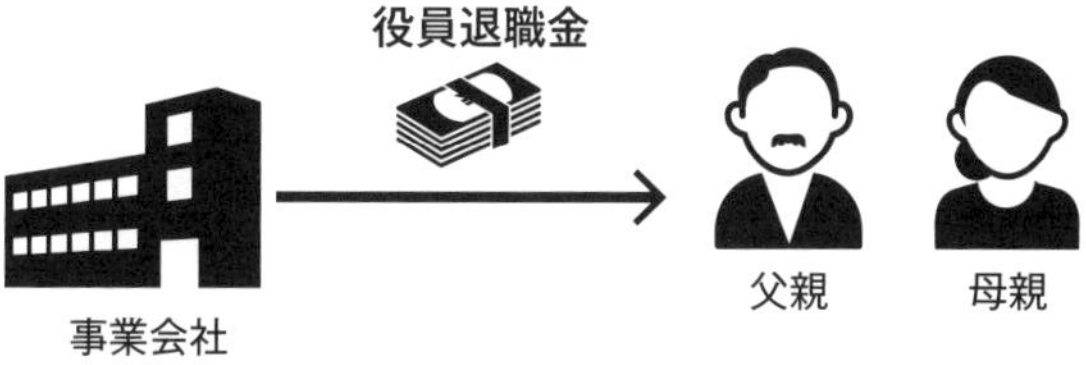

③評価が下がった株式を持株会社が買い取る

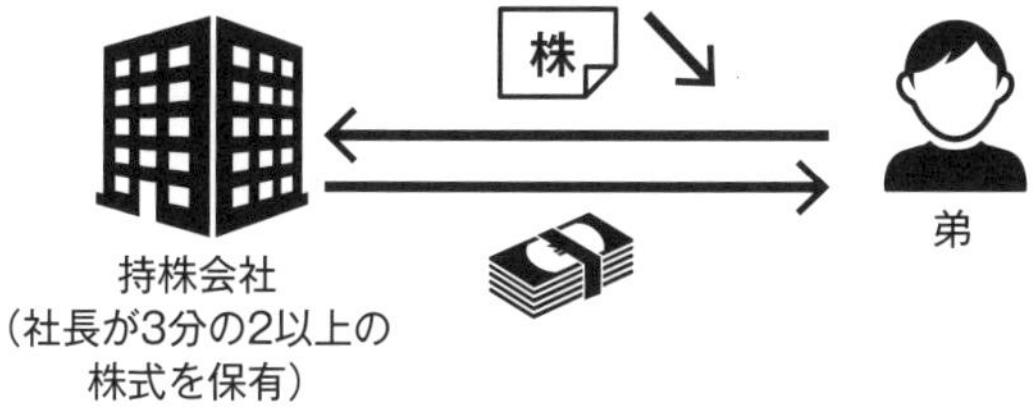

**社長と持株会社に株式を
集中させて経営が
安定した状態をつくる**

『相談ケース―4』

特例事業承継税制の「相続税の納税猶予」を活用して、後継者の税負担を軽くする

相談内容

……「私は現在、会長職に就き、社長は次男が務めています。長男は別の会社で仕事をしているため、社長は次男です。自社株式の株主構成は、私68・7%、妻25・9%、長男2%、次男3%、古参社員0・4%です。

私の目が黒いうちに次男に株式を贈与することは考えていないので、私と妻が保有している自社株式は、相続という形にしたいと考えています。その際、特例事業承継税制を活用したいのですが、どのような流れになるでしょうか」

アドバイス

……会長の総財産を試算したところ、「5・3億円」でした。内訳は、「自社株式2・3億円、現預金1・5億円、不動産1・5億円」です。

会長はもともと「贈与税の納税猶予」を検討されていたそうですが、贈与税の納税猶予の認定を受けるには、会長が、「次男がすでに保有している株式と合わせて、3分の2以上となるように贈与」するのが条件となります。

そのことを知った会長は、贈与税の納税猶予は断念しました。「目が黒いうちは贈与しない」と決めていたからです。

そこで、**「相続税の納税猶予」**の活用を提案しました。

総財産「5・3億円」の相続にかかる相続税は、「約1・4億円」です。

そのうち、自社株式にかかる相続税は、「6000万円」でした。

相続税の納税猶予の認定を受けることができれば、この「6000万円」が全額猶予されるため、税金面でのメリットが期待できます。

会長には、1・5億円の現預金もあるため、「残り8000万円」の相続税を支払うことになっても、納税資金に困ることはありません（次男が株式しか相続しない場合は、次男の相続税は実質ゼロになります）。

また、会長からは、「長男にも自社株式を相続させる場合、特例事業承継税制による相続税の納税猶予は適用できるか？」との相談もありました。

特例事業承継税制は後継者が２人の場合でも適用できますが、将来的に兄弟間の経営権争いが起きかねません。

また、後継者が特例事業承継税制の適用を受けるには、「相続開始の直前に役員でなければならない」というルールがあり（先代経営者が60歳以上の場合）、「別会社で仕事をしている長男が、これから役員になる」のは現実的ではないため（長男にもその気はない）、**「自社株式を相続させるのは、次男だけにしたほうが得策である」**とアドバイスをしました。

【ケース4】事業承継のポイント

現　　状

相続税額は約1.4億円
（うち自社株式の相続税は 6,000 万円）

特例事業承継税制を活用すると……

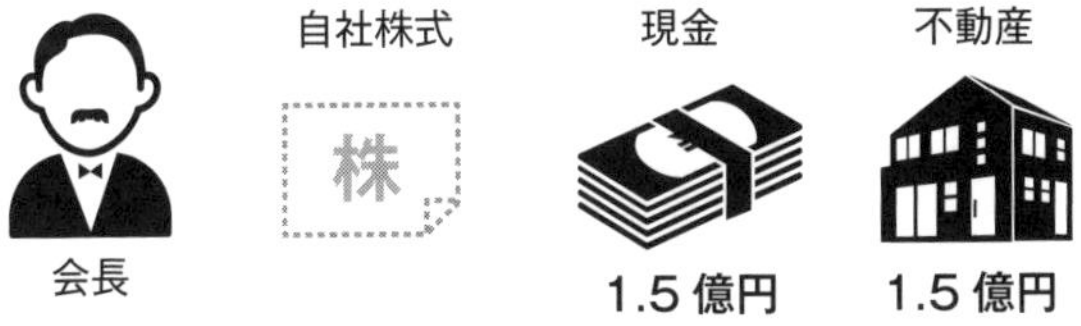

相続税額は 8,000 万円に！
納税資金にも困らない！

次男（後継者）は税金ゼロで
事業承継ができる!

『相談ケース｜5』

家族が持っている自社株式を持株会社に譲渡するには？

相談内容

……「私が社長を務めるA社は、小売のチェーン店を数店舗経営しています。株主構成は、持株会社Bが50％、妻10％、父20％、母10％、妹10％です。

持株会社Bというのは、私が100％株式を保有する資産管理会社のことです。今後、父、母、妹が持っているA社の株式を資産管理会社で買い取りたいと思っているのですが、その場合、どのようなスキームにするとよいでしょうか」

【ケース5】事業承継のポイント

①A社の土地を社長が購入※

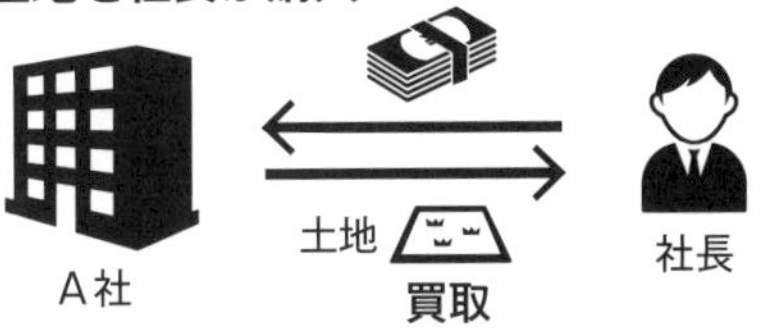

※土地の評価額が下がっていることが前提

②持株会社BがA社の株式を購入

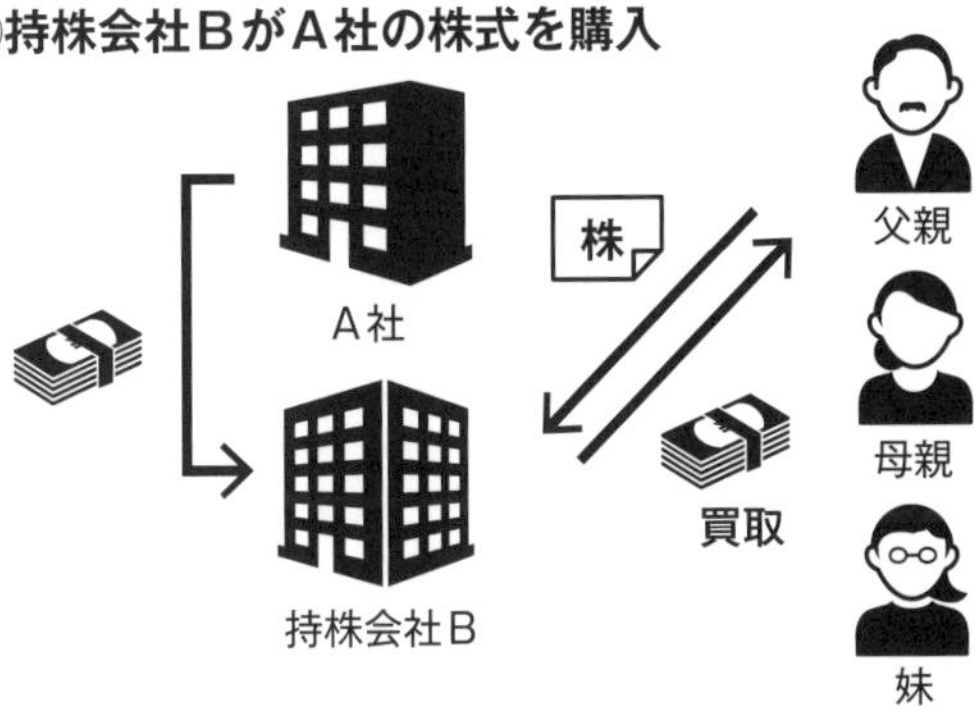

③社長が土地をA社に貸し付ける

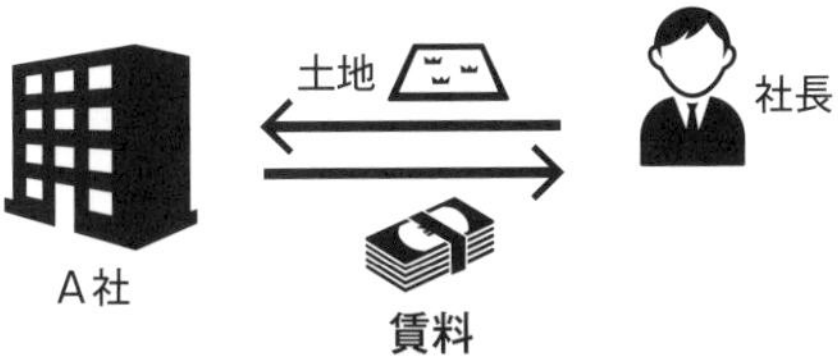

株式を集約でき、
社長に賃料収入が入るようになる！

アドバイス

……「父20％、母10％、妹10％」の株式を持株会社に譲渡する方法として、次のスキームを提案させていただきました。

①Ａ社は土地を所有していたので、その土地を社長個人に売却し、Ａ社は売却損を計上する（赤字が出るので節税対策になる）。

②持株会社Ｂが、父、母、妹からＡ社の株式を買い取る。株式譲渡代金は３１００万円。

③株式譲渡代金の３１００万円は、持株会社ＢがＡ社から借り入れる。

④社長が土地を保有してＡ社に貸す（Ａ社は賃料を社長個人に支払う）。

『相談ケース―6』

親族外の幹部社員に事業を引き継がせたいが、個人で自社株式を買い取る資金がない

相談内容

……「親族に後継者がいないため、弊社の支店長を務めるA氏に事業を承継する予定です。親族外でも特例事業承継税制による『贈与税の納税猶予』は適用できると聞いていますが、親族以外の第三者に株式を贈与することは考えていません。

A氏が持株会社を設立し、私が持っている自社株式（55%）を譲渡する予定です。しかしA氏には、私の株式を買い取る資金がありません。株式を譲渡したあともすぐに経営から手を引くのではなく、一定の発言力は残しておきたいと考えています」

アドバイス

……A氏が持株会社を設立します。A氏個人には、55%の自社株式を買い取る資金力がないため、**持株会社が銀行融資を受けて、先代経営者から55%の株式を買い取ります。**

この持株会社は、**本体からの配当と「経営指導料」などから、銀行に返済します。**こうすることで、後継者であるA氏が個人で株式購入代金を調達することなく、スムーズに事業承継できます。

会社の常務なども自社株を保有しているので（全体の45%）、この株式に関しては、議決権なしの「配当優先株式」とします。相談者である社長が持株会社の黄金株（拒否権付株式）を所有すれば、会社の意思決定について、拒否権を発動することができます。

【ケース6】事業承継のポイント

①幹部社員が持株会社を設立し、融資を受ける

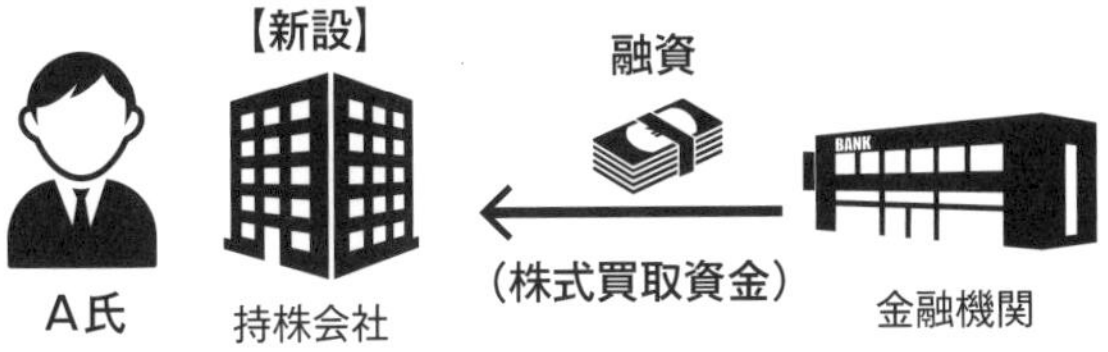

②社長から事業会社の株式を買い取る

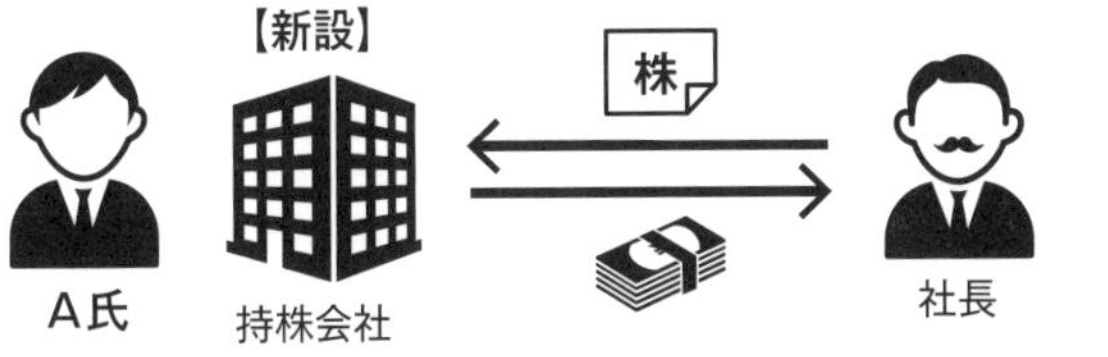

③持株会社は配当等を返済資金に充てる

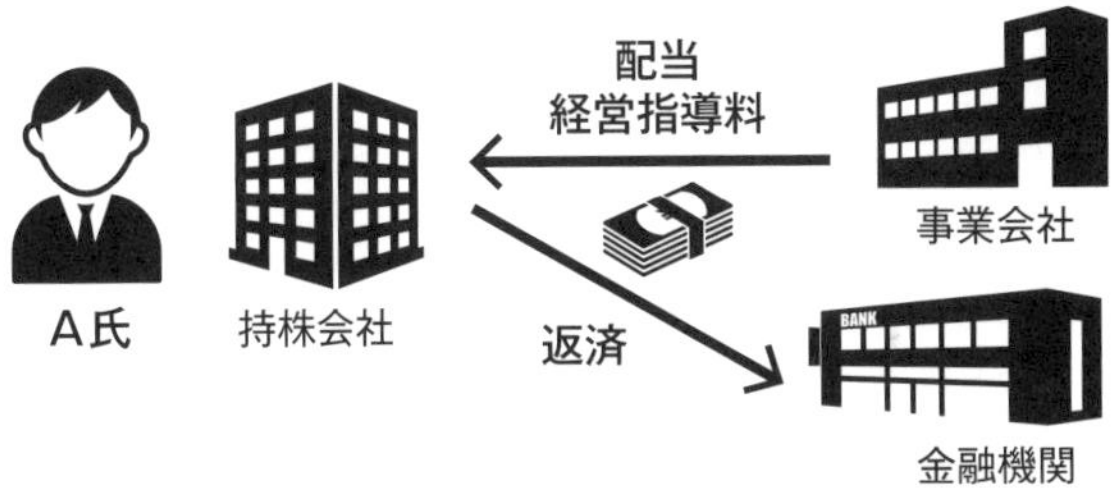

**前社長が持株会社設立時に
黄金株を持てば
経営権を維持できる！**

『相談ケース 7』

分割した会社をすべて「次女」に継がせるには、どのようなスキームが考えられるか？

相談内容

……「夫が亡くなって以降、妻である私がA社の社長を務めていますが、そろそろ後継者へ事業承継したいと考えています。私には娘が2人いて、長女は海外にいるため、次女にA社を継がせる予定です。

A社は会社分割をしていて、本体のA社のほかに、関連会社のB社とC社があります。A社（食品販売）とB社（不動産賃貸・管理事業）を次女に、C社（原材料の輸出入事業）を長女に託すつもりでいますが、長女が海外にいるため、C社も次女に承継させ、次女に3社の経営権を集中させたほうがいいのでしょうか」

アドバイス

……A社については、「特例事業承継税制」の「贈与税の納税猶予」を使って、母親が持っている自社株式を後継者である次女に生前贈与します。

A社は好業績であり、自社株式の評価額が高いため、通常の贈与だと多額の負担が発生し、会社経営の重荷になりかねません。**「贈与税の納税猶予」の適用を受ければ、税負担を軽減できます。**

長女が持っているA社の株式は、次女が個人で買い取るか、次女出資の持株会社を設立し、株式の買い取りを検討します。

長女が保有するB社の株式も、次女が設立する持株会社（または次女個人）が買い取ります。

仮に、「長女がC社を経営する場合」は、長女が海外居住であることを考慮して、母親と次女が持っているC社の株式を長女に売却します。長女は、A社とB社から得た株式の売却代金を使い、母親と次女からC社の株式を買い取ります。

「C社も次女が経営する場合」は、長女は次女が設立した持株会社にC社の株式を売却します。長女はいずれの会社の株式も保有しませんが、その代わり、売却代金を得ることができます。

【ケース7】事業承継のポイント

特例事業承継税制と持株会社を活用する

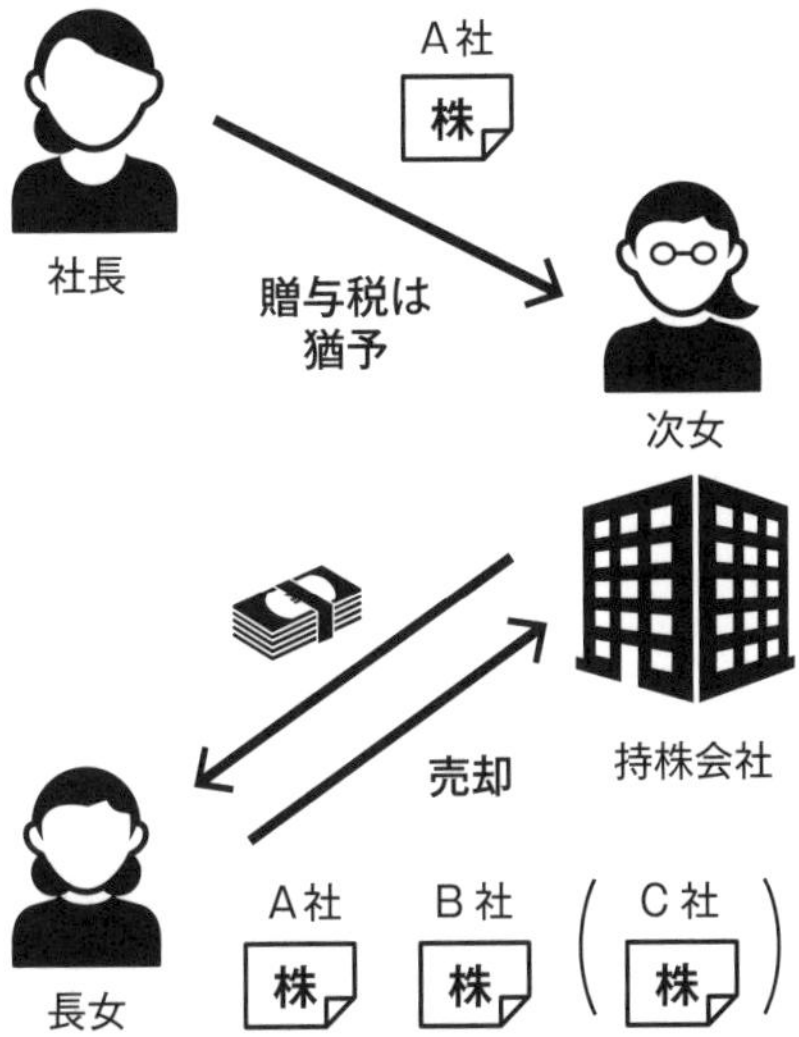

業績が良い事業会社は
納税猶予を適用して
生前対策を行う！

『相談ケース｜8』

中学生の子どもに、今のうちから自社株式を承継させたい

相談内容

……「相続人は、妻と長女です。長女は中学生なので事業承継はまだ先ですが、私が社長を務めるA社の経営は順調なので、今後、自社株式の評価額が高くなることも考えられます。今の段階から、相続対策として私が保有する自社株式（100%保有）を娘に引き継がせたいのですが、どのような方法がよいでしょうか」

アドバイス

……中学生の長女が資産管理会社を設立します。

といっても、長女は未成年で役員にはなれないため（株主になることはできる）、形式上は、奥様を代表取締役にします。そして、A社の株価が上がる前に、資産管理会社に株式譲渡します。

資産管理会社は、金融機関からの融資を受けて（実際はA社がお金を借りて、資産管理会社に融資をする）、父親（現経営者）に株式の譲渡代金を払うと同時に、A社が所有する土地を購入します。A社は資産管理会社からその土地を借り上げ、毎月、地代を支払います。資産管理会社は、A社から受け取る地代で、銀行借入金の返済と、奥様への役員報酬を支払います。

A社は株式を100％資産管理会社に移す代わりに、**父親に黄金株（拒否権付株式）を発行します。**資産管理会社に株式を売却することで、先代経営者の持株数が減少します。また、資産管理会社の株主を「子ども」とすることで、先代経営者の相続財産から自社株式を切り離すことができます。

資産管理会社への株式の移転は「譲渡時の時価」で行いますが、その後、A社が成長した場合、株式移転時の時価から値上がりした部分については、資産管理会社の株式評価の際に、37%（法人税相当額）が減額されます。したがって、資産管理会社を通してA社の株式を保有しておけば、今後の株価上昇分のうち、**約4割を減額することが可能です。**

なお、取引実績のない資産会社が金融機関から直接融資を受けるには、A社の取締役会が借入金額を保証する議事録を提出すれば、受け入れられるケースもあります。

【ケース8】事業承継のポイント

①長女が資産管理会社を設立

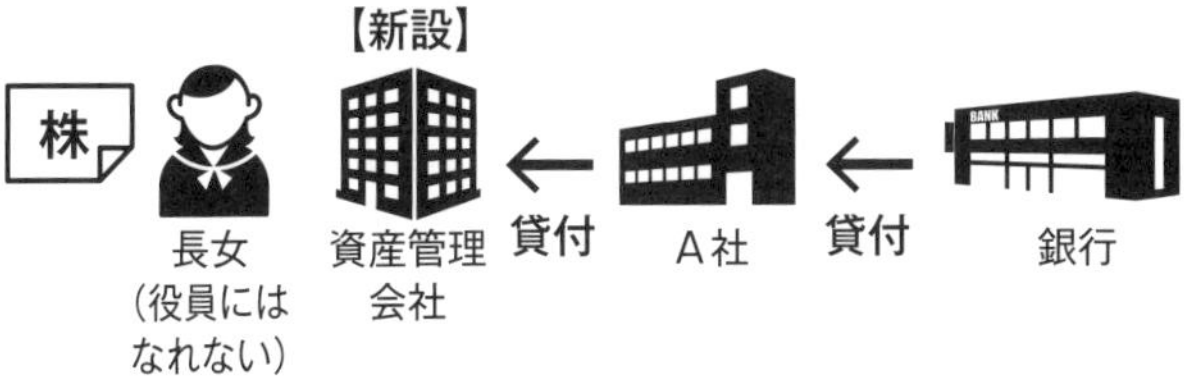

②資産管理会社がA社の株式とA社所有の土地を買い取る

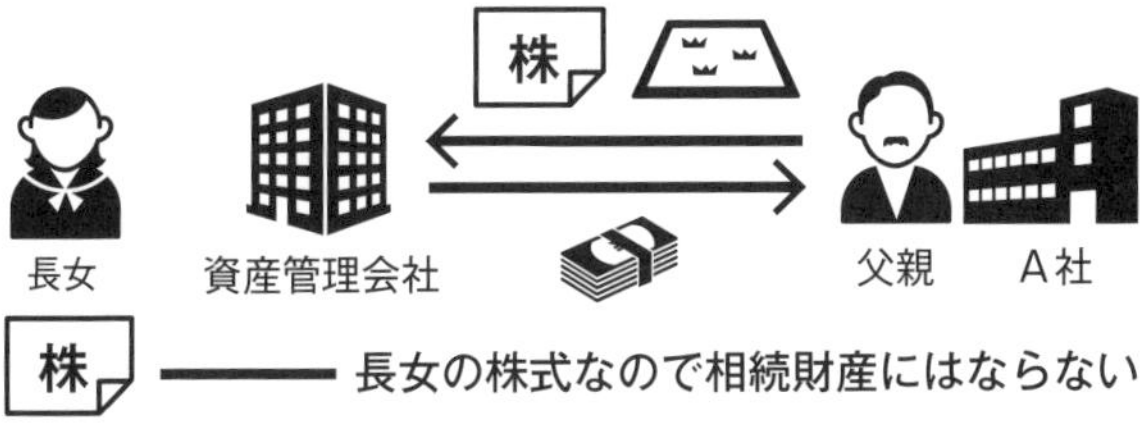

③資産管理会社が地代で役員報酬と借入金を支払う

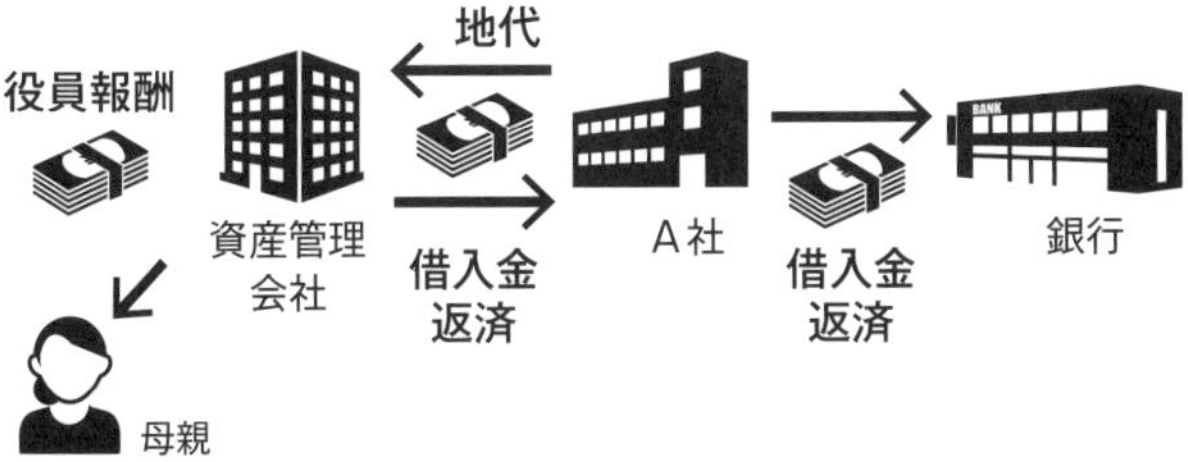

**社長(父親)がA社の黄金株を持つことで
A社の経営権を維持できる!**

おわりに

■経営者が交代した会社は儲かっている！

『中小企業白書（2013年版）』によると、

「経営者の年齢が若いほど『経常利益が増加傾向である』と回答した企業の割合が高く、事業運営方針も『拡大したい』と回答した企業が多い」

ということがわかっています。

同じように、中小企業庁の資料、『事業承継に関する現状と課題について』（2016年）も、

「経営者年齢が上がるほど、投資意欲の低下やリスク回避性向が高まる。経営者が交代した企業や若年の経営者の方が利益率や売上高を向上させており、計画的な事業承継は成長の観点からも重要」

と結論付けています。

事業承継は、事業を次世代に引き継ぐという面に加えて、新たな事業の成長に向けた機会です。ところが現実的には、多くの中小企業で世代交代、事業承継が遅れています。60歳以上の経営者のうち、50％超が、

「事業に将来性がない」

「適当な後継者が見つからない」

「当初から自分の代でやめようと思っていた」

などの理由で、「廃業の予定」と回答しています。

廃業を予定している企業の中にも、堅調に業績を伸ばしている企業があります。廃業予定企業の3割の経営者が、「同業他社よりも良い業績を上げている」と回答し、今後、10年間の将来性についても、4割の経営者が「少なくとも現状維持は可能」と回答しているのです。

成長余地のある企業がそのまま廃業し、雇用、技術、ノウハウが失われてしまうのは、じつに残念なことです。

事業承継が進まないのは、「顧問税理士」にも責任があります。

ある企業では、創業時から、同一の税理士と顧問契約を結んでいましたが、この顧問税理士は、「30年間、会計指導と法人の決算申告しかしなかった」そうです。

社長が70歳を過ぎた今でも、事業承継について「30年間、一度も話が出ない」ため、「会社の決算を依頼する税理士とは別に、事業承継の専門家に話を聞いてみたい」と、ランドマーク税理士法人にお見えになりました。

「はじめに」でも書いたように、事業承継は「税法」だけでなく「民法」や「会社法」の知識が必要なので、顧問税理士では対応できないケースは少なくありません。

税理士事務所は、月次の会計指導や確定申告で手いっぱいの小人数規模のところがほとんどです。しかし、事業承継は多面的・多角的な考察が必要で、弁護士・司法書士とチームを組んで対応することが求められます。事業承継まで取り扱うことのできる税理士事務所は限られているのが現状です。

したがって、

「そろそろ引退を考えている」
「後継者を息子にすべきか、社内の役員にすべきか悩んでいる」
「そろそろ事業承継を考えているが、税金対策が心配だ」
「事業承継のいちばんいいタイミングを知りたい」
「顧問税理士に事業承継の相談をしたが、専門外だと断られた」
「税理士さんが高齢で新しい税制の話をしてくれない」

といった場合は、顧問税理士に任せきりにせず、セカンドオピニオンとして、事業承継の専門家にご相談されることをおすすめします。

■「オーダーメイドの事業承継プラン」を提案できる専門家を見つける

事業承継のスキームはさまざまで、会社ごと、経営者ごと、後継者ごとに違います。ですから、自社株の評価と相続税額を前提にして、「オーダーメイドの事業承継プラン」を提案できる専門家が必要です。

事業承継には後継者の育成などを含めると、5年から10年はかかります。

また、「特例事業承継税制」の適用を受けるのであれば、２０２３年3月31日までに「特例承継計画」を提出する必要があるため、「まだ自分には関係がない」と先送りにしていると、「税金をゼロにする好機」を逃してしまうことにもなりかねません。

事業承継を成功させるには、「早め、早めに対策を講じる」ことです。

ぜひ、信頼できる「事業承継の専門家」を見つけて、事業の継続的な発展に努めていただきたいと思います。

最後になりましたが、事例をご提供くださったみなさま、出版に向けて全面的にサポートしていただいたあさ出版の田賀井弘毅様、編集にご協力いただいた株式会社文道の藤吉豊様、推薦の言葉をお寄せくださった株式会社武蔵野・小山昇社長に心より御礼申し上げます。

本書が中小企業の事業承継問題、後継者問題、税金問題を解決する一助になることを祈念しています。

ランドマーク税理士法人　代表税理士　清田幸弘

※本書の内容は状況・見解により相違するものですべてのケースに当てはまるものではありません。個別のケースは専門の税理士にご確認ください。

著者紹介

清田幸弘（せいた・ゆきひろ）

ランドマーク税理士法人 代表税理士

神奈川県横浜市の農家に生まれる。明治大学卒業後、地元農協に9年間勤務。金融・経営相談業務を行ったのち、税理士に転身。1997年に清田幸弘税理士事務所を設立、その後、ランドマーク税理士法人に組織変更。自身の生まれと農協勤務経験を活かした相続コンサルティングには定評があり、過去に手がけた相続税申告件数3,500件超は全国でもトップクラス。また、資産家、金融機関、不動産会社、税理士向けにセミナー講師を年間200件以上手がけている。著書は『お金持ちはどうやって資産を残しているのか』（あさ出版）など多数。

ランドマーク税理士法人グループは、東京・丸の内の無料相談窓口「丸の内相続プラザ」、横浜ランドマークタワーをはじめ、首都圏に12の本支店を展開。申告件数はもちろん支店数、国税OBを含む社員数（資格者多数）、発行書籍数、実施セミナー数の多さは、他に例を見ない。また、相続・事業承継案件に強く、税務調査が少ない（全国平均25%に対して1%）ことでも注目を集めている。

社長《しゃちょう》、その税金《ぜいきん》ゼロにできる　〈検印省略〉

2019年　3　月　22　日　第　1　刷発行

著　者――清田 幸弘（せいた・ゆきひろ）
発行者――佐藤 和夫

発行所――株式会社あさ出版

〒171-0022　東京都豊島区南池袋 2-9-9 第一池袋ホワイトビル 6F
電　話　03 (3983) 3225 (販売)
　　　　03 (3983) 3227 (編集)
F A X　03 (3983) 3226
U R L　http://www.asa21.com/
E-mail　info@asa21.com
振　替　00160-1-720619

印　刷　文唱堂印刷株式会社

乱丁本・落丁本はお取替え致します。

facebook　http://www.facebook.com/asapublishing
twitter　http://twitter.com/asapublishing

ISBN978-4-86667-129-1 C2034